自分を変える！
大人の学び方大全



# 的

踏出舒適圈
以7個習慣與知識逆轉人生

# 學習法

宮崎伸治——著
趙鴻龍——譯

# 目錄

前言
開始學習永遠不嫌晚 008

第1章 用「大人學習法」改變人生！ 015

・與知識過招的過程中找到人生的終極目標 016
・找到最大幸福的四個階段 019
・試著將求知慾化為具體行動 023
・獲得快樂、名譽、財富，內心為何依舊無法滿足？ 027
・尋找與收入沒有直接關係、需要努力的事情 031
・發自內心的動力不易受到挫折 035
・磨鍊出不輸給任何人的特殊技能 038
・看似沒用的學習有時也會取得成果 040

・瞭解實現夢想所需的臨界量——044
・目標要和期限一起設定——048
・擁有多元視角可以讓人生更豐富——050
・向全球暢銷書《與成功有約：高效能人士的七個習慣》學習——052

## 第2章 決定幸福度的「四種需求」——055

・幸福就是滿足四種需求——056
・接受自己目前的處境並採取行動——063
・有生以來第一次點燃內心火焰的體驗——066
・火焰一旦點燃，就不會因為一點小事而消失——070
・全神貫注於自己的核心領域——073

## 第3章 擺脫對金錢、工作和健康的不安，過著自由自在的生活【滿足身體需求的方法】——077

・保持健康的身心，注意養生——078

・保持健全經濟狀態的方法——082
・確保經濟基礎的同時接近夢想——086
・努力不懈地培育搖錢樹——088
・讓有助於成長的正面壓力成為自己的夥伴——090
・提升自我是終極的裁員因應策略——093
・簡單切換到學習模式的方法——095
・偶爾用小小的奢侈來犒賞自己——100

第4章
【重設人際關係的一切煩惱
滿足社會情感需求的方法】——103

・透過人文科學科目鍛鍊應對人際關係的技能——104
・最高境界是遠離批判自己的人，不去批判別人——108
・加入志同道合的群體——111
・與上司和同事和諧相處的方法——113
・人際關係的鐵則是建立雙贏關係——116

## 第5章

# 「學習」才是最高境界的娛樂

# 【滿足心智需求的方法】

135

・有價值的事物無法輕易取得 —— 136

・無論幾歲，大學的大門都會為你敞開 —— 139

・與晦澀難懂的教材進行知識過招，將其化為己用 —— 143

・用由淺入深的學習法學習 —— 148

・令人欣喜的良性循環「serendipity」 —— 150

・每日埋首苦讀十小時的十年 —— 154

・抄寫名言佳句的好處 —— 158

・別因為少數幾件事就宣判死刑 —— 119

・與有害的家人親戚保持距離 —— 122

・管好自己嘴巴的人就是最大的贏家 —— 125

・感謝當下的人際關係和所處的環境 —— 128

・學會與自己好好相處，堅強面對孤獨 —— 132

第6章

## 培養一生受用的語言能力！【外語學習法】 161


・身在日本也能有效率地學習外語的好機會 162
・只要學會外語，原本單調的世界就會變得繽紛起來 166
・閱讀原著能讓思路清晰、提升智力 168
・首先鍛鍊閱讀和聽力 171
・「會英語」要會到什麼程度？ 174
・愉快且立竿見影的學習方法 176
・透過世界頂尖大學的遠距教學學習 179
・透過多益進一步鍛鍊接收能力 182
・忙碌的社會人士如何準備檢定考試 185
・只學英語還是也學其他語言？建議學中文 189
・挑戰具有合適教材和檢定考試的外語 191
・鍛鍊終極詞彙能力的方法 198
・持續學習外語的方法 203

## 第7章 透過不斷學習來磨練自己【滿足精神需求的方法】 205


- 決定人生旅程的終點站 206
- 先從為了賺錢的工作中發現人生的意義 208
- 透過具體化將悲傷昇華為喜悅 213
- 閱讀古今中外的名著和偉人傳記 216
- 把能促進自我成長和提升的事情擺在第一位 219
- 假日才更要做「不緊急但重要的事」 221
- 磨練靈魂最簡單的方法 225
- 以「提升日本人詞彙能力」為人生使命 228
- 【挑戰！】鍛鍊英語詞彙能力！詞彙競賽 230

後記 234

主要參考文獻・論文 236

# 前言

## 開始學習永遠不嫌晚

現在有沒有什麼事情可以讓你全心全意地投入呢？

不是為了升職或加薪，而是發自內心地喜歡，是否有這種讓你沉迷到廢寢忘食、不可自拔的事情呢？

受到二〇二〇年席捲全球的疫情影響，以往被認為是理所當然的價值觀產生動搖，使得人們開始追求符合新常態時代的生活方式。對於資訊、體驗、想像力、知識、教育這類複雜且無形的事物，需求提升到前所未有的境界。

**接觸各種不同的價值觀、以開闊的視野追尋事物的本質、深化思考、用自己的角度來看**

**待人生，這正是本書所說的「大人的學習法」精髓。**

學習領域可以是語言、科學、歷史、政治、哲學、藝術、文學等等，可能是曾經感興趣卻放棄的事物，也可能是以前就想嘗試卻沒機會挑戰的事物，又或者是從小沒有興趣，長大後卻突然產生興趣而想要重新學習的事物。

開始或重新學習這些事物，獲得新的知識和發現，有時會為我們帶來足以改變生活方式甚至人生方向的衝擊。

別考慮做這些事情是否能夠幫助我們升職加薪，只要純粹開始進行滿足求知慾的大人學習法，就會發現原本一眼望到頭的無趣日常都將出現光明。

「即便取得人人稱羨的成功，仍覺得缺少了什麼」、「雖然過著衣食無虞的生活，卻沒有特別喜歡的事物」、「對工作沒有熱情」、「做什麼事都三分鐘熱度」、「自己一個人什麼都做不了」。過著這種不完全燃燒生活的人，應該透過自身觀點、興趣和向學心，盡最大的努力，尋找足以讓自己傾注熱情的目標。

因為**人類是一種即使滿足金錢、名聲、健康等身體上的需求，也無法打從心底感到幸福的存在。**

其實只要全神貫注地學習、掌握其中的真理，就不容易被事物「不好的一面」所左右。仔細想想，新冠疫情危機也不全然是「不好的一面」（例如：新冠疫情引起病毒干擾，反而讓流感沒有流行起來）；疫情流行之前，也一直有「不好的事情」在發生。戰爭、自然災害、暴力犯罪、恐怖攻擊、金融危機、裁員、重大事故……這些都是世界的常態。

此外，持續學習某些事物的人，不會一直浪費時間在嘆息也沒用的事情上。他們總是在自己所處的狀況中竭盡全力。事實上，的確有許多人在新冠疫情中進行創新，並表現得十分出色。

我想在這裡介紹一句深深打動我的話。我最喜歡的電影《洛基：勇者無懼》中有這樣一個場景。洛基的兒子抱怨：「那個人不好、這個人不好；發生那麼糟糕的事、發生這麼糟糕的事……」而洛基面對把自己的不幸歸咎於全世界的兒子，如此告誡道：

「你應該也很清楚，世上所有事情未必都會如你所願，討厭和不好的事都會發生。如果什麼都不做，就會被討厭的事和不好的事擊敗，從此失去希望。沒有什麼比人生更能狠狠地擊垮你。但重要的是，無論被擊垮多少次，你是否能毫不氣餒地繼續前進，能承受多少打擊，能繼續前進到哪裡。每一個成功的人都在這麼做。」（宮崎伸治意譯）

正如洛基所說：「世上所有事情未必都會如我們所願。」無論在哪個時代，都會有討厭和不好的事情發生。

然而，**那些保持熱情不斷學習的人，無論世上發生什麼事，仍會盡力做到最好，不會被**

**牽著鼻子走**。用洛基的話來說，就是「無論被擊垮多少次，仍要不氣餒繼續前進」。

那些人為什麼能做到這一點？

因為他們都會利用本書介紹的大人學習法來鍛鍊自己。透過這種方式，用自己的雙手為這個「未必所有事情都會如自己所願」的世界增添色彩。

大約九年前，我因為閱讀外語文獻而大受感動，萌生了「想要透過傳遞學習外語的樂趣為社會做出貢獻」的使命感。從那時起，我從零開始開始自學法語、西班牙語、義大利語和中文，三千多個日子裡毫不間斷地持續學習。現在，我已經可以毫不費力地閱讀包括英語和德語在內的這六種語言的原文書。

我認為自己之所以能夠如此真摯地傾注熱情，正是因為我意識到如何跳脫世俗價值觀，聚焦在自認有價值的事物上。如今，九年前覺醒的使命感終於開始以各種形式加以實現。

只要找到能讓自己燃起熱情的事物，就會像墜入情網一樣一刻也忘不了（事實上，在這三千多天的日子裡，我的這個念頭從未淡忘）。正因為如此，**我才能不受別人的評價和世上發生的事情所左右，一一去做「自認具有價值的事情」。在這個過程中，可以為這個單調的世界增添色彩，堅定地走出屬於自己的精彩人生。**

這本書就是告訴大家如何做到這一點。

學習不分年齡，什麼時候開始學習都不嫌晚。

希望本書能成為契機，讓你的每一天都增添色彩。

二〇二一年十二月吉日

宮崎伸治

# 第 1 章

# 用「大人學習法」改變人生！

## 與知識過招的過程中找到人生的終極目標

我現在除了以作家和翻譯家的身分活動之外，同時也靠副業和投資來維持生計，並將經營外語檢定機構視為畢生事業。

我曾經出版過六十本著作和譯作，但在四十歲出頭時因為種種原因離開了出版界，有十年的時間沒有賺半毛錢（在拙著《出版翻訳家なんてなるんじゃなかった日記》中有詳細敘述，暫譯：對成為出版翻譯家悔不當初的日記）。

雖說「十年沒工作」，但這段期間我仍在不同的大學努力學習，並非遊手好閒。**我在高中畢業後就讀的大學主修經濟學，脫離上班族後於二十九歲進入研究所主修語言學，四十歲過後又投入工程學、哲學、法學、商學、神學等以前未曾接觸過的領域，從各個角度不斷追求真理。**而在這個過程中，我找到了屬於自己的獲得幸福的方法。

即使同樣是用來表達「幸福」的詞彙，也存在著各種層次。有些人認為獲得高收入就是幸福；也有人認為幸福是獲得地位或名聲。

幸福的定義因人而異，所以我不想將自己所定義的幸福強加給其他人。我只是想告訴大家，我擁有屬於自己的幸福，並找到抓住幸福的方法。

我認為自己找到的幸福就是如此堅定不移，並非受到別人一點批評就會動搖。

以世俗的價值觀來看，可能有人會將我的這段失業期間視為「白白浪費十年」。因為我既沒有出去找工作，也沒有對社會做出貢獻，只是把之前的積蓄拿去讀書罷了。但是對我而言，我認為**這段歲月是大大改變人生的「最光輝燦爛的十年」**。

那麼，我獲得幸福的方法是什麼呢？

希臘哲學家亞里斯多德曾經說過，人類的終極目標就是「Eudaimonia」。我也認為**「Eudaimonia」才是人生的終極目標，也是人生最大的幸福**。

那些幸運地找到終極目標的人，將不再執著於金錢、地位、名譽，因為他們已經獲得相較之下價值超過數十倍的東西了。

那麼，Eudaimonia是什麼呢？

這個字通常被簡單地翻譯成「幸福」，但更準確的翻譯應該是「人類所有優秀特質和有價值的活動都能充分發揮其真正價值的人生」。

**充分發揮自己的特色，透過這些特色讓世界上的人感到快樂，這正是Eudaimonia，也是人生最大的幸福。**

我意識到這一點後，便決定自己也要追求Eudaimonia。但這件事情不可能一蹴而就，需要經過不懈的努力和堅持，最終才能實現。這條路漫長而險峻，卻能帶來至高無上的喜悅，沒有任何事物可以取代。

# 找到最大幸福的四個階段

怎樣才能實現Eudaimonia呢？我想在這裡描述我心中實現Eudaimonia的道路。

**第一階段是確保能夠安心生活的收入**，否則就不可能實現Eudaimonia。無論有再多的才能，要是沒有一份足以讓自己安心生活的收入，就不得不去賺錢糊口，更別提讓才能開花結果了。

不過，只要能確保足以安心生活的收入，就沒有必要去賺更多的錢。與其將精力花在賺外快上，不如用來讓自己的才能開花結果，這樣才可以更接近Eudaimonia的狀態（當然如果充分發揮才能可以賺進大把鈔票的話，也算是實現了Eudaimonia）。

確保穩定收入後，就能**培養第二階段的「韌性」，也就是培養適應困難和威脅的能力。**

例如：許多孩子都夢想著在棒球、足球、將棋、舞蹈、演藝等方面成為出類拔萃的人。

然而，幾乎絕大多數的人都在成年之前就放棄自己的夢想。這是因為遲遲無法如願以償，因而厭倦了努力。

成功人士常說：「努力不會說謊。」但大多數人一遇到稍微不合理的事情，往往就會產生「努力也會說謊（即使努力也未必達到期望的結果）」的想法，很快便感到灰心喪志。

看到這裡，希望大家回想一件事情。這個世界並不完美，它是人類創造出來的不完美世界，所以自然會出錯，不公平的事情會發生，不該發生的事情也會發生。遇到這些情況時，如果每次都沮喪地說「這太不合理、太荒謬了，我受夠了」之類的話，就不可能實現Eudaimonia。所有成功的人都是一路克服大大小小的不合理事件過來的；反過來說，如果克服不了，這些人就不可能成為成功人士。

另外，在面對任何事情時，如果從一開始就不抱過高的期待，而是坦然接受現狀的話，就能更容易地克服不合理的狀況。

**第三階段是透過克服困難不斷磨練自己。**大致上有兩種方法。

一種是透過需要付出努力的事情（學習、閱讀、運動等具有挑戰性的事情）來磨練自己，在這個過程中培養出別人不易模仿的自我獨特風格。這時可以全心投入任何自己喜歡的事情，但必須是需要付出努力的事。因為**簡單的事情任何人都能模仿，而任何人都能模仿的事情不會成為自己的特色**。我之所以會在四十歲過後於各個大學埋頭苦讀，正是在執行這第三階段的「磨練自己的行為」。

另一個是養成節制的習慣，克制自己的慾望。為什麼需要克制慾望呢？因為無論擁有多少才能，一旦被慾望所左右，就會成為自己的絆腳石。

難得擁有出眾的才能，卻因為一時的慾望而墮落，導致通往Eudaimonia的道路被堵死，像這樣的例子不在少數。為了避免這種情況發生，我們必須養成克制慾望的習慣。

**最終的第四階段是發揮自己的特色，對社會做出貢獻**。好不容易磨練出來的技能，如果只納為己用，就無法實現Eudaimonia。唯有讓別人感到高興，才能發揮其真正的價值。

試想一下，有位廚師有能力做出非常美味的法國菜，卻不願意讓其他人品嘗；有位鋼琴家有能力彈奏出令全世界感動的美妙樂曲，卻不願意在眾人面前演奏；有位科學家找到劃時代的驚人發現，卻不願意將成果發表出來。大家不覺得這是多麼可惜的事情嗎？只有讓別人喜歡自己的特色，才能發揮其真正的價值，而且也應該這麼做。

本書介紹如何透過大人的學習法來實現Eudaimonia。

**只要開始進行大人的學習法，就能培養第二階段的韌性，進而在第三階段透過困難磨練自己。最終達到第四階段，對社會做出貢獻。**

# 試著將求知慾化為具體行動

一提到學習，多數人就會聯想到「討厭學習，上課很痛苦」、「不擅長數理科目，老是不及格」、「大考落榜，沒能進入理想中的大學」這類與成績相關的痛苦、難受、辛苦等負面印象。

在日語字典中查找關於「學習（※譯註：日語漢字是勉強）」的定義，可以看到下面的解釋（《日本國語大辭典》）。

①努力面對困難。熱情地做事情。勤勉努力。

②迫於無奈地做不喜歡的事情。

③為了將來而學習學問和技術。學習並記住學校的各個科目或珠算、書法等實用的知識，或者在社會生活和工作中鍛鍊、累積經驗。

④低價出售商品。商品降價銷售。此外，還可以用來比喻寬容或讓步。

究竟什麼是學習呢？學習不應僅僅是為了在考試中拿到高分而已。應該有一些東西能夠滿足「想知道」、「想學習」的求知慾，讓人感到有趣、愉快、興奮，發自內心地投入其中。只要開始學習，就能展開全新的人生。

我想在這本書中提倡這樣的學習。學習應該是愉快且有趣的事情，還可能帶來人生最大的幸福，只要理解「Big Why（為什麼要做這件事＝需要付出努力卻偏要這麼做的理由）」，即可開始學習。這麼一來，別人看來很辛苦的事情，本人非但不覺得辛苦，反而還會樂在其中。

小時候因為父母要求（或者為了滿足周遭的期待）所做的學習，或是迫於無奈做不喜歡的事情，與本書所討論的學習有很大的不同，所以我將其稱為大人的學習法，並定義如下。

**大人的學習法是指同時滿足以下三個條件的學習：**

**①僅僅因為喜歡而自發去做的事情。**

**②需要付出努力的事情。**

**③以讓自我成長或對社會做出貢獻為目的的事情。**

出於喜歡而自發去做的事情，不包括看電視、看影片、玩遊戲、上網等。重點是透過這些學習，能夠對社會做出貢獻，讓自己獲得成長。

另外，像是在當沖交易中獲利、利用槓桿效應在房地產投資中累積財富，或者研究彩券中獎策略、追求異性等行為，雖然也需要付出努力，但主要是為了滿足個人慾望，因此並不屬於大人學習法的範疇。

即使符合②③這兩項條件，若是為了提高收入或有助於升職、轉職而開始學習的話，也只是延續了小時候的被迫學習，不算是本書所說的大人學習法。這樣的學習就是所謂的「書呆子」，一旦達成小小的目標，就有可能立刻停止學習，與人生的價值毫無關聯。

舉例來說，明明不喜歡英語，卻因為升遷條件是多益八百分就開始學習學習英語，很有可能在達到目標分數後便停止學習。因為這種人本來就討厭英語，只是為了升遷而不得不學習。

我並不是要否定這種學習的意義，但它與本書所說的大人學習法是性質不同的東西。

我不是要說「不學習就是壞事」，我所提倡的**大人學習法是要基於喜歡而自發去做**，不是需要勉強自己去做的行為。倒不如說，一旦體會到其中的樂趣，就會沉迷其中，甚至覺得不學習就是在浪費時間，變得很想學習而無法停止。

無論是語言、歷史、藝術還是文學，任何人都有喜歡和感興趣的東西吧。

將自己喜歡的事物與大人學習法相結合，當開啟新的發展時，就會帶給我們「原來還有這麼有趣的事情啊！」這樣的心情，從而度過充滿驚喜的每一天。

《新約聖經》中有個名為「播種者比喻」的故事。書中記載，在肥沃土地上落下的種子結出果實後，有的結出一百倍，有的結出六十倍，有的結出三十倍。

大人的學習法正是一種在肥沃土地上播種的行為，帶給我們難以估量的可能性。

讓我們朝蘊藏著如此美好可能性的大人學習法世界邁出一步吧！

## 獲得快樂、名譽、財富，內心為何依舊無法滿足？

在開始介紹大人學習法之前，我想先談談快樂、名譽、財富。

人們以為快樂、名譽、財富這些東西正是幸福的源泉，並盲目地追求它們，對其價值深信不疑。但是，即使擁有這些東西，是否真的就能心滿意足、從此幸福快樂呢？這讓人不禁產生懷疑。

**快樂、名譽、財富，其實只在這個世界上具有價值（亞里斯多德所謂的「假象之善」），並非值得犧牲「善本身」（如：節制、正義、自由、真理等蘇格拉底所稱的「靈魂本身的裝飾」）去追求的真正有價值之事物。**快樂不具有持續性，一旦獲得就會無止盡地追求更多。而且相同程度的快樂很快就會讓人厭倦，必須不斷加強刺激才能感到興奮。

擁有地位和名譽的名人因為沉迷毒品而墮落；政治家因為收受非法獻金而遭到逮捕，像這樣的新聞不勝枚舉。一旦走上享樂主義的不歸路，就會變成快樂的奴隸，唯有不斷地追求快樂才能獲得滿足。可以說，這些都不值得我們犧牲其他重要的事物來追求。

另外，名譽是別人決定的評價，只是為了確信自己高人一等才去追求。換言之，這是一種對他人的依賴，不能說是真正的幸福，也不是我們應該追求的終極目標。

財富固然在某些方面很有幫助，但也僅限於「那些方面」而已。即使財富充裕，也不過如此，財富本身並不能確保幸福。因此，這也不是我們應該追求的終極目標。

這些看似能帶給我們幸福的東西，其實幾乎不能保證我們的幸福，這一點從眾多醜聞和犯罪的報導中就可以看出來。過分追求快樂和財富，會使我們失去重要的東西。因為**犧牲「善本身」的代價會遠遠大於所得到的東西。**

如果擁有無窮的快樂和財富都不能滿足心靈的話，那麼我們應該追求什麼呢？其實能夠真正滿足我們心靈的東西，就是最終目標。亞里斯多德稱這個最終目標為「至善（τὸ ἄριστον）」，並列舉了下列三個條件：

①必須是以站在制高點的最高能力所追求的理想。

②必須是自身期望的目標，而不是作為手段。

③必須讓卓越性實際發揮，而非維持可能性狀態的卓越性。

用我的話來說，條件①就是**必須是能夠發揮自己個性的活動（doingness）**，也可以說是能夠投入或熱衷的東西。

例如：當被問到「你的夢想是什麼」時，有些人會回答「我想當老闆」或「我想結婚」，但那只是說出你想達到的狀態（beingness）。「當上老闆後，我想做○○來改革公司，為社會提供△△貢獻」，或者「結婚後，我想和配偶一起從事○○、參與△△活動，為他人帶來幫助」，若不像這樣設想能夠發揮自己個性的活動，在達到那個狀態的瞬間，就會失去目標。

有的人會說「我想通過門檻很高的國家考試」或「我想擁有投資用的不動產」，但這只不過是說出想擁有的東西（havingness）罷了。如果得到之後不想著從事對社會有貢獻的事等能夠發揮自己個性的活動，目標也會在那一刻消失；反之，若能找到發揮自己個性的活動，就會不斷地迎接新的挑戰，人生將不會褪色，總能在接連不斷的挑戰中發現新的自己。大人學習法就是將其化為可能的手段。

條件②的意思是，如果不想學習，但為了升職、升學或就業而不得不學習，就**只是把學習當成達到目標的手段，因此不能說是「至善」。**因為在得到某樣東西的瞬間，就會對學習失去興趣。

條件③與心理學家亞伯拉罕・馬斯洛所說的「自我實現（才能、能力、可能性的使用與開發）」幾乎一致。**充分發揮資質、盡力完成事情，才足以稱得上是至善。**相反地，如果擁有成為歌手、作家、畫家、運動員、棋士、發明家的潛在能力，卻一直讓這些能力在體內沉睡，就不能說達到了至善。

每個人都有自己的特色。唯有讓潛在能力開花結果，獲得至善時才能打從心底得到滿足。而將其化為可能的，正是大人學習法。

## 尋找與收入沒有直接關係、需要努力的事情

決定開始進行大人學習法固然是好的第一步，但要選擇什麼樣的事物作為目標呢？若不知道如何找到自己喜歡的事物，請先摘下是否能獲得外在報酬（可能有錢賺、好像會得到周遭人的誇獎、似乎對未來有所幫助等）的有色眼鏡，**尋找自己真心想要試看看且「需要付出努力的事情」**。

如果優先考慮獲得外在報酬的話，就很難找到真正只是因為喜歡才做的事。

我根據自己的親身經驗，建議大家從與收入沒有直接關係的角度去尋找。因為如果能夠堅持下去的話，就足以證明你是「僅僅因為喜歡才做」。

遲遲找不到喜歡事物的人，不妨試著去接觸一些自己可能感興趣的東西。**從「學生時代稍微接觸過，但中途受挫而放棄」，或「以前一直想做，卻漸漸忘記或沒有時間實現」等**

**自己感興趣的相關事物開始探索。**以下列舉幾項探索的方法，可以藉此作為切入點思考。

- 尋找可以通過遠距教育學習的東西。
- 尋找自己感興趣的團體。
- 尋找想挑戰的證照考試。
- 在報章雜誌上閱讀成功人士的經驗談。
- 尋找可以在各種學校或文化中心學習的東西。
- 在雜誌上尋找徵求作品的資訊。
- 尋找可以在大學的函授課程或社會人講座學習的東西。

只要有意識地張開天線尋找，一定會遇到感興趣的事物，甚至發現「這個或許就是自己一直在尋找的東西」。

電視紀錄片和網路上，不時會介紹活躍於各個領域的人士。雜誌上也會刊載像這樣的資訊：四十多歲的○○在研究所取得博士學位、學習正念冥想與日式裁縫、獲得瑜伽認證、幼教師考試合格、癌症化療護理認證護士等；五十多歲的○○考取ＣＦＰ（理財規劃顧問認證）及職涯顧問認證、創作俳句和短歌、成為電氣工程師、學習戲劇和舞蹈、參加發聲訓練、鍛鍊太極拳等。

看過這些人士的經驗談後，也許就能找到讓自己真心想嘗試、需要付出努力的事情。要是能找到的話就太好了，趕快開始行動吧！

我是透過遠距教學從英國倫敦大學哲學系畢業的。倫敦大學是一所具有一百五十多年歷史的學院制聯合大學。我之所以會在這所大學學習，是看了一名學生的部落格才決定的。我從那個部落格中得知，英國有一種從申請入學到畢業完全不必離開日本（住在東京的我完全不必離開東京）就能取得正式學位的教育制度，而且學費也負擔得起，這讓我突然產生了幹勁。

要談到為何選擇哲學系，我畢業於慶應義塾大學文學系的函授教育課程（主修哲學），在求學過程中體會到哲學的美妙之處，因此我想在畢業後於倫敦大學透過英語學習哲學。至於當時的心情是——可能很難畢業，但是值得挑戰，搞不好真的讓我不小心拿到學位。就算讀到一半退學，也沒什麼損失。好，那我就試試看吧！

我只是一味地被「想挑戰！」這種強烈想法驅使而採取行動罷了。

就這樣，我從尋找到發現，最後將喜歡的東西堅持做完。僅僅因為喜歡就完成了需要付出努力的事情。雖然沒有賺到半毛錢，卻讓我感覺獲得比金錢更有價值的事物——

那就是**對於自己認為有價值的東西自發地設定目標，不半途而廢堅持到底的自信。**

經過這次經歷，我獲得只要是自己認為有價值的事，就不會輕言放棄的自信。

找不到自己喜歡的東西時，不妨試著尋找打從心底想嘗試的需要付出努力的事吧！

## 發自內心的動力不易受到挫折

我現在擁有一百三十三種證書。通過同一種認證考試的不同等級時（例如，英檢一級、英檢準一級、英檢二級、英檢三級、英檢四級這五個等級都通過時），我就把它算成一種，所以我實際上通過的次數遠遠超過一百三十三次。不過，我也失敗了很多次。雖然沒仔細數過，但我參加考試的次數應該超過了五百次。

有些人知道後，會覺得我是考證照狂而對我敬而遠之，但也有人對我大表讚賞。其中，語言、翻譯相關的證照居多，也有管理、法學、教養類的證照，還有其他雜七雜八的（↓37頁）。

姑且不論語言類的證照，我並沒有靠其他方面的證照賺錢，周圍也沒有人誇我在這些方面很厲害。既然如此，我幹嘛要吃飽沒事挑戰考證照呢？為什麼失敗好幾次都不會灰心喪志呢？因為我是抱著「想學習」的單純動機而努力的。無論是數學檢定、芳香療法檢定還是法學檢定，我都是基於想學習的動機才開始努力。用心理學的專業術語來說，此即內發性動機。也就是說，當人們受到內心湧現的興趣、關心或熱情的驅使時，就會成為幹勁的原動力，使行為更容易持續下去。

如果只是純粹基於想學習的動機去努力，就能實際感受到學習的樂趣。**因為是自己主動採取行動，所以更容易發揮專注力，並且設法使行動最佳化以達成目標，從而長期維持高水準的行動。**這樣一來就更容易取得成果。

而且只要努力學習，還可以附帶鍛鍊出各式各樣的能力。除了獲得專業知識之外，還能**鍛鍊閱讀能力、專注力、克制力、記憶力、精神力、忍耐力、寫作能力、時間管理能力等。**不僅如此，即使沒有受到強迫，也會自發地尋找證照考試、決定參加和報名考試、學習、上考場；**這一連串的過程也會培養自律心。**我挑戰證照考試的最大目的就是想要培養這些能力，因此即使考試沒通過，我也不會感到灰心。

## 以外語和翻譯相關為首的主要取得證照一覽

### 外語和翻譯相關

- 實用英語技能檢定1級
- 國際英檢1級
- 觀光英檢1級
- 國際聯合英檢A級
- 商務英檢A級
- TOEIC（900分）
- TOEIC（SW：各170）
- TOEFL（583分）
- CASEC（882分）
- TOEFL iBT（85分）
- GTEC（687分）
- 劍橋英檢1st cert.
- 牛津大學高級英檢
- 日商商務英檢2級
- 翻譯士資格認定考試（英日翻譯士及日英翻譯士）
- 翻譯實務士技術檢定考試（翻譯實務士）
- IELTS7.0
- 口譯技能檢定（英語3級）
- 巴貝爾英美文學翻譯講座D級
- 阿勒斯中級口語檢定
- 貝立茲英檢（13.5分）
- 旅遊業英檢B級
- 科學與工業英檢2級
- 工業英檢2級
- 英文打字檢定D級
- TWE（5分）
- 詞彙競賽3級
- 訪談測驗2.0
- 商務英語會話檢定
- 德語技能檢定2級
- 奧地利政府公認德語檢定B1
- 實用法語技能檢定準2級
- TCF（331分）
- 實用義大利語檢定3級
- 西班牙語技能檢定4級
- 中文檢定3級
- HSK5級

### 管理和法學相關

- 管理學檢定初級
- 法學檢定（標準）
- 商務著作權高級檢定
- 商業合規檢定初級
- 商務實務法務檢定2級
- 智慧財產權檢定2級
- 智慧財產權管理技能檢定2級
- 著作權登記指導員
- 智慧財產權管理士
- 日商簿記檢定3級

### 教養相關

- 書法初段
- 漢字檢定1級
- 數學檢定準2級
- 世界遺產檢定2級

### 其他

- 危險物處理人員丙級
- 危險物處理人員乙級第4類
- 高級救生員
- 芳香療法檢定2級 等等

# 磨鍊出不輸給任何人的特殊技能

你是否具備不輸給任何人的特殊技能呢？例如：在一百人中能拿到第一名的技能。英語、數學、歷史、鋼琴、繪畫、書法、舞蹈、程式設計、法律知識、運動，任何技能都可以。你有什麼技能可以輕而易舉地贏過別人呢？

亞里斯多德說過：**「為了幸福，需要究極的卓越性（ἀρετή）。」**他還說：「對於幸福具有決定性力量的，唯有符合卓越性的活動。（中略）沒有比符合卓越性的活動更具穩定性的東西。」

只要具備卓越性，別人就無法輕易模仿，你的存在就會突顯出來，成為無可取代的人物。**若能找到發揮卓越性的場所，就能為社會做出相應的貢獻，從而成為受到社會重視、不可或缺的人才**，使人生變得更有意義。

然而，沒有人天生就具備卓越性，任何人都需要經過不斷訓練，才能夠開發出自己的卓越性。言盡於此，大家應該就不難理解這種訓練（即大人學習法）正是最強的武器了吧。

確定目標之後，首先就從客觀地審視自己的實力開始。倘若自己的實力是五，就不要一下子以十為目標，而是以六為目標。**不要奢望一蹴而就的遠大夢想，而是透過一步步地累積實力，引導自己走向究極的卓越性。**

我們必須透過學習才能具備卓越性，金錢、權力或社會地位都無法幫助我們擁有卓越性。不僅如此，這些東西在穩定性方面還比不上卓越性。所以我們應瞭解學習的樂趣，貫徹積極進取的學習態度。

讓我們開始大人的學習法，培養出能在一百人中拿到第一名的能力吧！如此一來，就能讓你實現飛躍式的成長。

# 看似沒用的學習有時也會取得成果

我從七所大學和研究所畢業或結業，考取許多證照，但我從未覺得大學學到的知識或證照對於實際利益有何幫助。即使進入看似能帶來實際利益的名校時，我也沒打算把這些大學學位當成提高收入的工具。

至於我為什麼會在這麼多所大學和研究所學習呢？因為我相信，**那些看似與實際利益毫無關聯的「無用學習」，才能讓我開闊自己的視野，進而帶來幸福。**也可以說我是為了提升自己的素養。

從第七所大學畢業以來，我的年收入一直不高，所以從客觀上來看，「學業帶來實際利益」這種說法可能對我不太適用，但我依然對自己擴展視野這件事感到自豪。

哲學家鷲田小彌太先生根據自己與許多年輕人打交道的經驗，對於在大學學習一事提出看法，他說：「大學畢業的人，就算只是渾水摸魚、大學四年都在玩，態度和姿態方面也遠比優秀卻沒上大學的人還要好得多。」

撇開實際利益不談，從這個發言中可以發現，在他的觀察下，眾多年輕人在大學學習可以得到某種肉眼看不見的重要事物。

事實上，大學傳授的技能幾乎與工作沒有直接關聯。舉例來說，哲學、神學和文學就幾乎不會在工作上用到。即使讀的是外語，也有不少人認為除非進入會用到該語言的公司，否則努力學習只是在浪費時間。這些知識正是所謂的「沒用的專長」。但實際上，這些正是擴展人類視野的東西。

這裡以我的例子來說明。我在青山學院大學選修德語作為第二外語。當時我學習德語只是因為它是必修科目，結果沒有學好德語就畢業了。但後來我發現英語和德語是非常相似的語言，如果我真的想精通德語的話，只需要付出學習英語的五分之一的努力就行了。這件事本身就是一個很大的收穫。

從青山學院大學畢業後，我從未做過靠德語賺錢的工作，所以在只關心收入的人看來，我的德語只是沒用的專長。

然而在二十多年後，我突然想起「只要付出英語的五分之一的努力就能精通德語」這個想法，在一個偶然的機會下，又重新開始學習德語。不久，我發現這麼做似乎也能輕鬆學會其他歐洲語系，於是我開始學習法語、西班牙語、義大利語，甚至還推測「漢字和日語是共通的應該不難學」，而將學習的觸角延伸至中文。

沒想到後來我竟然以五十七歲的年紀，轉職到需要這些外語能力的工作。不僅薪水無可挑剔，更讓我高興的是自己可以在工作中發揮外語長才。我不是為了轉職而學習英語以外的外語，但這些看似無用的學習卻對我的轉職帶來很大幫助，就有如春耕秋收一般。

如果我高中一畢業就去工作，恐怕就沒有機會學習英語以外的語言，也不會產生學習的動機了。我可能會認為：「學德語能幹嘛？」而從一開始就放棄學習吧。但是，我在青山學院大學時代學習德語的經驗，卻意外地在中年以後開花結果，並將之運用在工作上。我想，這或許就是鷲田先生所說的上大學的功能所在。儘管大家常嘲諷：「現在的學生是草莓族。」但無論哪家公司在徵才時仍然非常注重學歷；從這個現實來看，可以說企業也承認了這種沒用專長的效用。

工作上要不斷地學習需要的知識，但光是這樣還不夠。**如果還有其他感興趣的事物，那麼先別考慮它是否派得上用場，只管不斷地嘗試看看。實際上，正是這些看似無用的學習，才能拓寬我們的視野。**

即使這些學習在他人看來是沒用的專長，只要自己感興趣，並且想深入瞭解，就非常值得去學習。這些學習可能會在某一天因為某個契機而應用在工作上；因為本來就是出於興趣而開始學習的事物，所以能夠一輩子樂在其中。**若能找到這種讓自己感興趣的領域，人生一定會變得快樂好幾倍，開始發光發熱。**

## 瞭解實現夢想所需的臨界量

即使找到喜歡的東西，也需要花費大量的時間、勞力和資金才能實現夢想。這條路十分漫長，因此很多人往往在中途就因為心灰意冷而放棄。

有很多原因導致半途而廢，例如：配偶不給予支持、工作太忙抽不出時間、怎麼努力都沒有進展、做了好幾次都失敗、遲遲做不出成果、遭遇自然災害、需要照顧父母、自己生病……等等。

然而，如果這麼輕易就放棄的話，就永遠都無法實現夢想了。

我相信，一分耕耘一分收穫。**實現夢想需要的「努力量」早已決定，任何人只要達到這個量，夢想就會實現。**

在我的理論中，有一種東西名叫「成功的臨界量（成功所需的修煉量）」，我們只要累積一定的修煉量，就能獲得成功。社會學中，臨界量是指事物的普及率和穩定率大幅飆升的極限值。

這個方法就是給自己設定目標，一步步地實現。這樣一來就能磨鍊自己的精神力，不受身邊發生的事情所影響，可以遵守自己所做的決定；也就是說，內心會變得更堅強。

**給自己設定目標時，重點在於設定能夠達成的目標。**這時，最好考慮自己的經濟基礎、健康、時間、經驗值、能力等所有條件，並且選擇至少有百分之五十以上達成率的目標。

要是一開始就給自己設定極其困難的目標，計畫很快落空時，就會傷害到自己的信心。不久，你的內心深處就會覺得「我想做什麼都做不成」，總是訂定出看似不會成功的魯莽計畫，並開始認為制定計畫這件事情本身就很愚蠢，因為自己也覺得「反正也做不成」。

我從年輕時就開始給自己設定各種目標，並且付諸實現；這樣做的好處是，「自己決定的事情可以自己遵守」這種對自己的信賴感會變得穩固，從而使夢想開始陸續實現。

舉例來說，我在二十幾歲的時候，要求自己每天至少閱讀十頁以上的英語原文書，藉此鍛鍊自己的英語能力。從青山學院大學畢業後，我在一家用不到英語能力的公司工作，但我的內心其實非常希望有朝一日找到能讓我發揮英語能力的公司。

怎樣才能在用不到英語的公司全職工作的情況下鍛鍊英語能力呢？除了勤奮學習英語以外，沒有其他辦法。因此，我給自己設定的目標是：無論發生什麼事，每天都至少閱讀十頁以上的英文書籍。

每天閱讀十頁並不是一件非常困難的事情，喜歡英語的人想必都能做到。但是，每天堅持下去並沒有那麼容易。

加班很晚回家那天也讀十頁；心情不好那天也讀十頁；和朋友出去玩，回家那天也讀十頁；過年回老家也讀十頁；身體不舒服也讀十頁……

雖然只讀十頁，但如果每天都這麼做的話，一個月起碼可以讀三百頁。有時讀得正順，一天能讀十頁以上，出現一個月讀五百頁的情況。持續這麼做好幾年，就會累積驚人的閱讀量。最終，皇天不負苦心人，當閱讀量達到一定程度時，我就成為一名翻譯家了。

**為了不讓自己因為一點挫折就垂頭喪氣，最好循序漸進地達成自己設定的目標。**

心情好的時候才努力，沒有任何障礙的時候才奮力去做，像這樣的日子在人生中並沒有那麼多。因此，即使沒有心情或出現障礙的時候，也只能堅持不懈地做下去。

**累積「成功所需的臨界量」，就能打造出無論周圍發生任何事都不動如山的自己。**

# 目標要和期限一起設定

在設定目標時，首先試著盡可能列出自己想做的事情。列出所有的事情後，從中挑選出一至三個特別重要的目標，同時決定達成目標的期限。**如果決定了目標，但沒有期限，那麼永遠也無法達成**。

英國的政治學家西里爾．諾斯古德．帕金森提出的第一定律中提到：「工作總會不斷膨脹，直到填滿所有可用時間為止。」這句話說明了如果沒有設定期限，時間就會一拖再拖、不斷浪費，永遠都無法完成工作；相反地，有期限的工作會讓人拚命地想在期限內完成，但如果沒有期限的束縛，工作不僅進度緩慢，品質也會下降。

例如：「在一年內考取○○認證」、「在三個月內讀完這部歷史書全集」、「在一個月內學會彈奏這首曲子」等，盡可能決定具體的期限後再開始進行，這樣比較容易實現。

一旦確定了目標，哪怕一天五分鐘也好，一定要每天為了實現目標而努力學習，避免讓自己陷入充滿幹勁卻在不經意間開始偷懶、變得拖拖拉拉，不知不覺中就放棄的狀態。

另外，當你被必須做的事情壓得喘不過氣，不知道從何下手的時候，不妨先從馬上就能完成的簡單事情開始著手。

有時只要簡單地閱讀一段文字、學習一個單字，或是聽聽相關語音也可以。總之，就是堅持不懈去做馬上就能完成的簡單事情。這個行為本身應該會變成為你帶來動力的契機。

**俗話說「習慣是人的第二天性」，但如果能將習慣融入日常生活當中，並且每天持之以恆地學習的話，那麼在一兩年的時間裡，可以預見你將會擁有令人嘆為觀止的實力。**

## 擁有多元視角可以讓人生更豐富

我在許多大學的不同領域學習過。這些領域包括經濟學、法學、商學、文學、語言學、工程學、哲學、神學等等。由於是在橫跨文組和理組兩個領域的系所學習，使我覺得在很多事情上受益於自己擁有多元的視角。

最讓我感到衝擊的是「大學與環境問題」這門課。文學家、倫理學家、經濟學家這三個不同領域的專家，輪流以討論的形式就環境問題進行演講。想當然，文學家、倫理學家和經濟學家的看法各不相同。文學家在論述的時候，我覺得確實如他所言；倫理學家開始論述時，我又覺得文學家所論述的東西似乎缺乏倫理的觀點；輪到經濟學家開始論述時，我開始覺得除了文學和倫理學的觀點之外，也不能忽視經濟學的觀點。

上完這門課後我領悟到，**即使思考同樣的環境問題，也不能只從單一角度出發，而是要**

**從多個觀點來思考，這樣才能得到更加平衡（換句話說就是合理）的結論。**

像這樣從多個學科領域針對一個主題進行考察的研究，稱為跨學科研究。之所以需要這樣，是因為社會上有許多光憑過度專業化和細分化發展的學科無法處理的問題。舉例來說，在汙染問題、和平問題、宇宙開發等，跨學科研究據說都取得了成果。

我曾在大學課堂上聽過這樣一句話：「某位獲得諾貝爾經濟學獎的經濟學家，其理論與現實背道而馳。」由此可見，光從單一學科領域的角度來看或許仍不夠全面。若想達到符合現實的真理，有時具備多角度的觀點會比較理想；我認為這不僅適用於學問，也適用於世上的所有事物。

後來，我又學習了法學、商學、哲學和神學，每當我開始涉足新的學科領域時，都會感覺到，即使是以前自認不易入門的學科領域，**一旦真正開始學習，也必定會得到新的發現、體會和興趣，進而獲得全新的視角，讓我的思維變得無限寬廣，感受到人生變得豐富多彩。**

## 向全球暢銷書《與成功有約：高效能人士的七個習慣》學習

顯而易見，閱讀是大人學習法的第一步。**與名著的邂逅會帶來深深的喜悅，有時甚至足以改變人生。**許多名著都能帶給人鼓勵，使目標變得明確、發現需要反省之處。可以說，我的人生就是受到數百本名著的影響而改變。

如果要我從中選出「前三名」，我會毫不猶豫地選擇《與成功有約：高效能人士的七個習慣》、《與時間有約：學會「自我領導」與「賦權於人」，精準判斷輕重緩急，不慌亂，找回自信與寧靜的力量》（史蒂芬・柯維 著）和《新約聖經》。這些名著為我帶來巨大的影響，至今仍帶給我許多啟示。

《與成功有約》是世界上最暢銷的商業書籍，作者柯維博士更被英國《經濟學人》雜誌評為全球最具影響力的商業思想家。書中主張成功人士都具備「七個習慣」，涵蓋了商業、公司、家庭、人際關係等人生的所有重要方面，**為實踐性的人生哲學，將充實人生以實現真正的成功和幸福所應掌握的原則系統化。**這本全球暢銷書至今仍有許多人在閱讀，堪稱是一本揭示時代劇變的指南。

當我第一次在英國看見這本書的原著時，我驚訝地發現：「原來還有如此美好的生活方式！」大受衝擊之餘，我隨即產生「想把這本書翻譯成日文介紹給大家」的念頭（可惜這本書已經決定由其他譯者負責，我只能徒呼負負）。

幾年後，我有幸擔任同書第二部《與時間有約》日文版的翻譯。這本書專門介紹成功人士所擁有的七個習慣之一「時間使用習慣」。**成功者之所以能夠有效地利用時間，是因為他們會先執行最重要的事情，這樣就能取得各種成果，在時間管理上帶來很多啟發。**若總是覺得沒有時間，不妨捫心自問是否計畫並執行重要的事情，而不是先從不重要的事情開始做起。

關於《新約聖經》，我想應該不需要多做介紹。書中提到：「苦難和悲傷是幸福的源泉，擁有感謝平凡的心靈正是在重重苦難的人生中的幸福。」並帶給我們許多領悟。雖然我不是基督徒，但我認為這是一部永恆不朽的名著，它不斷地給現代人帶來衝擊人類真理的無比感動。

本書隨處可見引用了包括上述著作在內的古典名著。可以說這些名著是我的思想根源，對我產生極大影響，繼而使本書得以誕生。

第 2 章

# 決定幸福度的「四種需求」

## 幸福就是滿足四種需求

**大人學習法的終極目標，就是追求有意義的人生。**這一點與只看重短期目標的學習有很大的不同。

想度過有意義的人生獲得幸福，必須瞭解人類所需的四個基本要素並逐一滿足。當這四種需求都獲得滿足時，就會產生化學變化，你的人生也會出現翻天覆地的改變。

《與成功有約》的作者史蒂芬．柯維博士對於人類的需求是這麼描述的：

「人活在世上，有幾個基本需求。如果這些基本需求沒有得到滿足，人就會感到空虛和不滿。」

這些基本需求包括哪些呢？根據柯維博士的說法，這四種需求分別是身體需求、社會情感需求、心智需求、精神需求。

### 四種需求達到平衡，幸福度就會提高

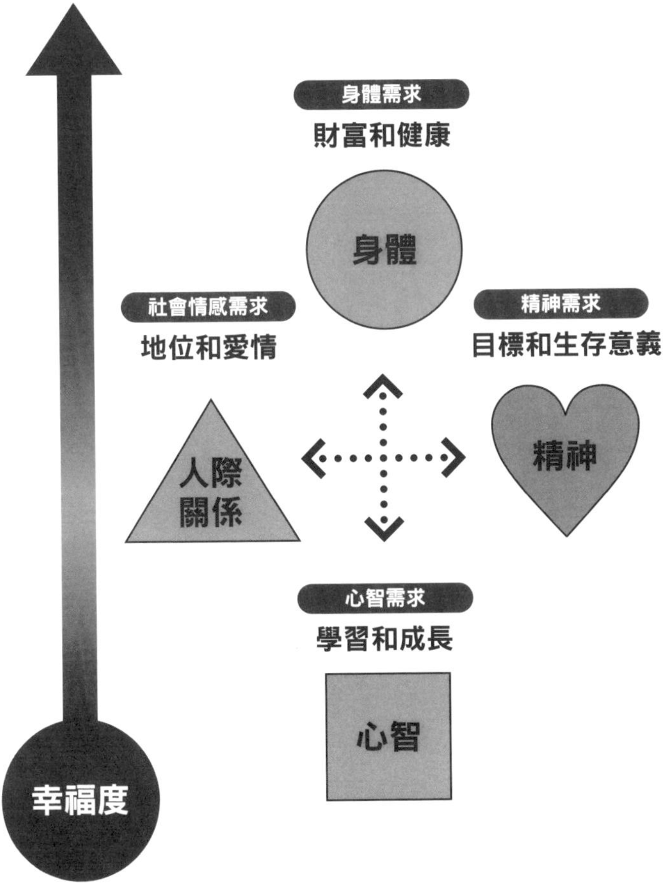

**身體需求是指生存所需的需求。**例如：食衣住行、金錢和健康這類生活中不可或缺的需求。如果缺少其中一樣，像是生病或經濟陷入困難，我們甚至無法過著像人一樣的生活。

**社會情感需求是指與他人接觸、歸屬、愛與被愛的需求。**我們透過家庭、朋友、情侶關係或社會活動與他人有所聯繫，並從建立豐富的人際關係中獲得快樂。如果這些需求因為家庭失和、離婚或裁員等原因而得不到滿足，人們就會陷入孤獨、感到孤立、受到排斥，並覺得與他人相處是一件痛苦的事。

**心智需求是指學習和成長的需求。**當透過不斷地學習增加知識，累積各式各樣的經驗來拓寬視野時，我們能夠實際感受到自己的成長並感到快樂；反之，如果缺乏知識和經驗，生活就會變得枯燥且停滯不前。

**精神需求是指懷抱目的和生存意義而貢獻社會的需求。**充分發揮自己的才能來幫助他人，就會從中感受到莫大的喜悅，我們正是這樣的存在。如果沒有能夠激勵自己心靈的明確目標或夢想，就會覺得愈來愈空虛，繼而無法主導自己的人生。

我們在無意識的層面上都明白自己擁有這些需求。因此，**只要有任何一個需求沒有獲得滿足，便無法打從心底感到滿足。**這些需求都非常重要，如果忽略其中任何一項，都會拖累我們。

例如：如果一直忽視身體需求，會發生什麼事呢？即使懷有多大的抱負，卻受到經濟困難或健康問題所拖累，就談不上什麼大志了吧。

那麼，如果一直忽視社會情感需求的話會怎樣呢？人類是社會性動物，要是沒有得到他人的認可，或者經常與他人發生衝突，內心就會充滿煩惱。

然而，即便身體需求以及社會情感需求獲得滿足，仍會有人感到不夠完美。這些人在社會上取得成功、家庭美滿、財產充足，不禁讓旁人懷疑他們究竟還缺少了什麼。

為了彌補這種不夠完美的感覺，他們不斷試圖滿足身體需求及社會情感需求。累積過剩的財富，追求過度的人際關係。如果這樣仍無法感到滿足的話，原因可能在於心智需求或精神需求沒有獲得滿足。

這些人就是俗稱的「庸俗之人」，他們每天都過著「找不到喜歡的事物，對工作無法燃起熱情，羨慕生活多彩多姿的人，休假時找不到事情做而閒得發慌，做什麼事都三分鐘熱度，沒有人關心就會感到寂寞，對將來茫然不安……」這種不完全燃燒的生活。

這些人似乎以為滿足身體需求和社會情感需求就能帶來幸福，然而一旦停留在身體需求和社會情感需求上，就永遠不會真正獲得滿足。無論到了幾歲，仍會持續過著「找不到喜歡的事物」、「退休之後該怎麼辦」這些不完全燃燒的生活。

究竟需要什麼條件，才能擺脫這種狀態並重拾熱情呢？

人們往往認為這四種需求是各自獨立的，但實際上它們彼此相關。下面再次引用《與時間有約》一書中的內容：

「同時滿足這四種需求，就像化學變化一樣。當四種需求結合起來，達到『臨界量』時，就會引發自燃。也就是說，**透過加乘作用的爆發，『內心的火焰』會被點燃，產生『願景』、『熱情』、『冒險生活精神』。**」

## ●只要磨練出四種需求，「內心的火焰」就會點燃



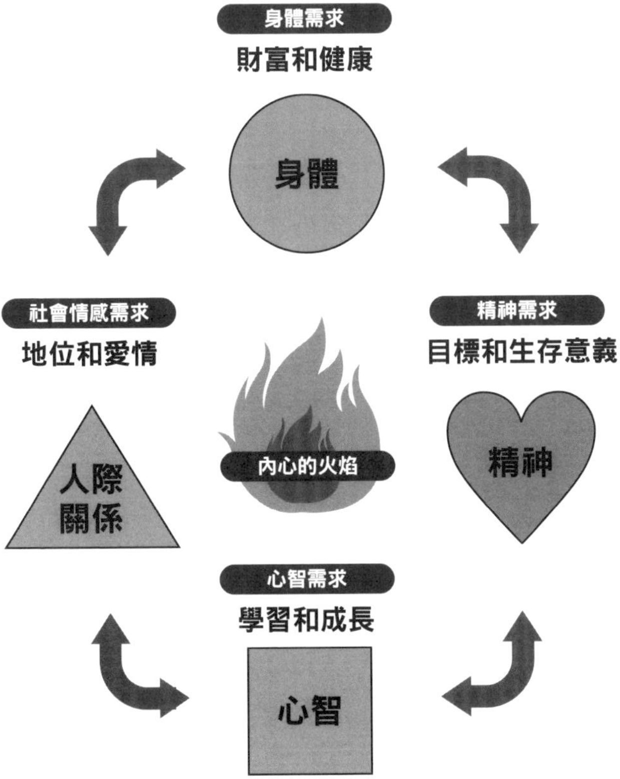


當四種需求得到滿足，平衡地保持在高位時，內心的火焰就會點燃並燃起熱情，從而形成一個不斷燃燒的良性循環。

一旦內心的火焰被點燃，整個人生就會徹底改變。原本只是為了滿足自己的身體需求、社會情感需求和心智需求而忙碌奔波者，會開始**想滿足「對社會做出貢獻」的精神需求，而利用自己所擁有的身體資源、社會情感資源和心智資源來實現這個願望。**

在內心的火焰被點燃之前，人們可能以為滿足身體需求、社會情感需求和心智需求就能獲得幸福。

但是，**一旦內心的火焰被點燃，人們就會明白自己的生存意義是完成自己的使命，也就是滿足精神需求，不再把滿足身體需求、社會情感需求和心智需求視為終極目標。**

只要這些需求在一定程度上得到滿足，人們就會感到心滿意足，從而希望完成自己的使命，生活方式將會發生一百八十度的轉變。

# 接受自己目前的處境並採取行動

怎樣才能點燃內心的火焰呢？

這得**從意識到「要對自己的人生負責」開始。**

即使對現狀不滿，也不要氣餒，要有自己率先著手改善的意識。

**接受自己目前的處境，不要將不幸歸咎於他人，客觀地看待自己，決定靠自己的雙手去改變人生。**這就是對自己的人生負全責的意思。

為什麼對自己的人生負責是一件很重要的事情呢？因為唯有如此，人類才能茁壯成長。

不為自己的人生負責的人，永遠只會抱怨「（我不順利）都是那個人的錯」、「（那個人當時這麼做）害我不能出人頭地」，「（我不想自己主動出擊）或許會幸運地發生什麼好事……」而過著只會抱持期待的人生。這只是對每天發生的事情做出聽天由命的反應，完全沒有主體性。

想想看動物吧。動物只是本能地對周圍發生的事做出反應而生存；但人類不同，無論發生什麼事情，人類都會有好幾個選擇。可以本能地做出A言行，也可以運用理性和智慧做出更明智的B言行。A是反應性，而B是主體性。如果能在自己的責任範圍內選擇自己的言行，就能對後面發生的結果承擔責任。這才是主體性的生活方式。

如果你已經找到可以全心投入的事情，並且能廢寢忘食地專注在這件事上，那麼請跳過接下來的內容，直接進入第三章。

如果沒有的話，就盡力去尋找吧！為此，必須從決定主動走自己的人生開始。

鈴木一郎在退休記者會上（可以在YouTube上觀看）被問及有什麼要對孩子們說的話時，他回答：

「我希望大家嘗試各式各樣的事情，早日找到能夠讓自己全心投入精力的事物。（中略）一旦找到它，就能夠面對阻擋在自己前面的障礙。（中略）如果找不到，當障礙出現時就會放棄。」

這雖然是送給孩子們的話，但也可以說是送給所有尚未找到喜歡事物者的話。「因為能賺錢才做」、「因為受到好評才做」、「因為被要求才做」、「因為不得已才做」、「考慮到狀況做了比較好」——這些都是反應性行為。

「因為喜歡才做」，沒有其他理由，才具備真正的主體性。如果只是基於喜歡的行為，任誰都會對自己負責。也許有人會說：「但我根本沒有喜歡的東西，所以無從開始。」但這種說法本身就是反應性行為。

**喜歡的東西不該讓別人告訴你，只能靠自己去發掘。**當找到它的時候，就是主體性人生的開始。

人不管幾歲，都有一堆事情可以去做。如果你還沒有找到自己喜歡的事物，就從現在這一刻起開始尋找吧！

## 有生以來第一次點燃內心火焰的體驗

我人生中第一次點燃內心火焰的經歷，是在英國留學期間，我在圖書館裡專注地閱讀《與成功有約》原著時發生的。我在拙著《對成為出版翻譯家悔不當初的日記》中有寫下當時的經歷，摘錄如下：

那是在那本譯著問世七年前發生的事情。當時的我正在英國的研究所留學，每天從早到晚都沉浸在閱讀之中。有一天，我窩在圖書館裡專心閱讀《與成功有約》的原著時，我得到生平從未有過的強烈至高體驗。

應該說像被喜悅之雷擊中一樣，或者說是翻譯之神降臨了嗎？就像投出完全比賽那一刻的投手一樣，我全身的細胞都興奮到好似要炸開來，這樣的興奮感持續了很長一段時間。當時，我的腦海中全都是自己翻譯的《與成功有約》滿滿地陳列在書店裡的畫面。

（咦？我可是連一本書都沒出過的人耶。這樣的我會親手翻譯並出版《與成功有約》的原著？何況我現在人還在英國，一年多以後才會回國。這種事情真的可能發生嗎？不太可能吧。但這個畫面實在太真實了，完全不像是幻覺。畫面是如此地清晰、如此地強烈。對了！這一定是翻譯之神命令我去翻譯《與成功有約》的原著並在日本出版，否則我的腦中不可能有如此真實的畫面浮現出來。一定沒錯，我肩負著翻譯《與成功有約》原著的使命，我必須去做。因為這是翻譯之神所期望的，一定會實現！）

我情不自禁地衝出圖書館，面向夕陽擺出勝利姿勢，並高呼一聲：「耶！」這正是我感受到翻譯之神啟示的時刻。

我要事先聲明，點燃內心火焰的說法並沒有科學根據。但是當時的體驗既強烈又神祕，因為幾年後將會實現的畫面清晰地浮現在我的腦海中，讓我產生想要集中自己所有力量去完成這件事的想法，所以我認為這就是內心的火焰被點燃了。

那麼，為什麼內心的火焰會被點燃呢？

難道是因為期待豐厚的版稅收入（滿足身體需求），所以才點燃了內心的火焰嗎？

才不是這樣。當時的我雖然心中有成為出版翻譯家的夢想，但因為不懂如何推銷自己，也沒有人脈，所以根本不認為自己有辦法成為出版翻譯家。因此，我並沒有尋找可能大賣的原著的想法，而是基於想要提升自我（滿足心智需求）的單純動機，才去涉獵各種類型的原著。這樣的我當然不會意識到版稅的問題。

那麼，難道是因為期待出版譯作後，就能成為受到周圍的人敬佩的譯者（滿足社會情感需求），才點燃了內心的火焰嗎？

才不是這樣。我想重申一下，當時的我根本不敢想像自己能成為出版翻譯家，自然沒想過譯作出版後周圍的人對我的看法會出現怎樣的變化。

那麼，難道是因為認為出版譯作能促進自我成長（滿足心智需求），才點燃內心的火焰嗎？

才不是這樣。成長的途徑不只一種。追求自我成長的時候，大概沒幾個人會想到靠出版譯作來成長吧。我也不例外。

既然如此，為什麼我內心的火焰會被點燃呢？

當我聚精會神地閱讀《與成功有約》原著時，心中有種強烈的衝動驅使我不惜一切代價都要把這些美好的思想傳達給日本人（滿足精神需求）。可以說，正是這個強烈的想法點燃了我內心的火焰。那是超越版稅和周圍評價的真摯願望。

**也可以說是基於一種使命感：「只有我才能執行這個任務。如果我不做的話，就沒有人能做了。我要竭盡全力完成並做得比任何人都好，把這個美好的思想傳遞給日本讀者。」**

## 火焰一旦點燃，就不會因為一點小事而消失

就算內心的火焰已經點燃，也不保證能百分之百實現心中想像的事情，甚至可能會落空。就算能夠實現，過程恐怕也相當漫長。由於這條道路艱辛漫長，如果隨口向別人提起自己的夢想，只會招來嘲笑。

我也遇過這樣的情況。當研究所的同學們正在七嘴八舌地談論著「我決定回母校當講師」或「我要繼承家業」這類現實的未來規畫時，只有我一個人說「我發現一本不錯的原著，我回國後要將它翻譯出版」這種不著邊際的話，會被嘲笑也是理所當然的。一個從來沒出過半本書，也沒什麼人脈的人，竟然信心滿滿地說出這樣的話，在旁人看來，這傢伙大概是腦袋秀逗了吧。我從未主動提及自己的夢想，只是在被問到將來的夢想時才老實告訴對方，結果卻落得被嘲笑的下場，實在令人遺憾。

即使在回國後，也沒人發現我內心的火焰仍在燃燒。家人也不理解我，沒有一個人肯支持我。

我雖然是研究所畢業，卻沒有穩定的工作，收入微薄，而且單身。這樣的我甚至被家人當成毒瘤對待，因為他們只會基於「是否有固定工作」、「年收入多少」、「有沒有結婚」這類身體需求和社會情感需求的標準來判斷他人。

在這樣的情況下，我有幸遇到一位能夠巧妙引導出我的潛力的編輯，並產生了化學反應，創作出優秀的作品。

就這樣，我創作出一部又一部的作品，其中第十六本譯著《與成功有約》的第二部，是在我開始學習翻譯七年之後，也就是在英國圖書館點燃內心火焰的數年之後出版。後來，當我陸續出版著作時，母親才終於高興地對我說：「你是我引以為傲的兒子。」

內心的火焰一旦點燃，就不會因為一點小事而熄滅。雖然也許不容易產生化學反應，但內心深處的火焰依然會持續燃燒。

因為這種動機是由精神需求（對社會做出貢獻的需求）所支撐的。**基於希望對他人有所幫助的想法而採取的行動，就是如此地堅定不搖。**

相形之下，是否能夠賺錢，別人如何評價，這些事都變得不再那麼重要了。反之，如果因為一點小事就變得灰心喪志，在我看來這是因為內心的火焰尚未點燃。

## 全神貫注於自己的核心領域

如果人們把愈來愈多的時間花在重要的事情上，會有什麼效果？如果把愈來愈多的時間浪費在無聊的事情上，又會有什麼後果？下面用圖來說明。按照由外而內的順序，分別為「關心圓」、「影響圓」、「專注圓」三個圓圈（↓74頁）。

「關心圓」包含自己感興趣的所有事情。例如：職棒比賽的結果、傳染病感染人數的變化、某位名人的犯罪案、發生在國外的自然災害、日本首相的演說、股價的變動、朋友離婚、兒子入學考試、自己升職加薪、職場人際關係、外語學習、書法、健康管理……等等。每個人關心的事物各不相同，在這些事物中，有些可以自己掌控，有些則無法掌控。

「影響圓」包含可以用自己的力量去影響的事物。不妨拿前面的例子來思考一下自己可以影響哪些事物。你能對職棒比賽結果產生什麼影響嗎？一直關心傳染病感染人數的變

## ●分辨自己能夠掌控和無法掌控的事物

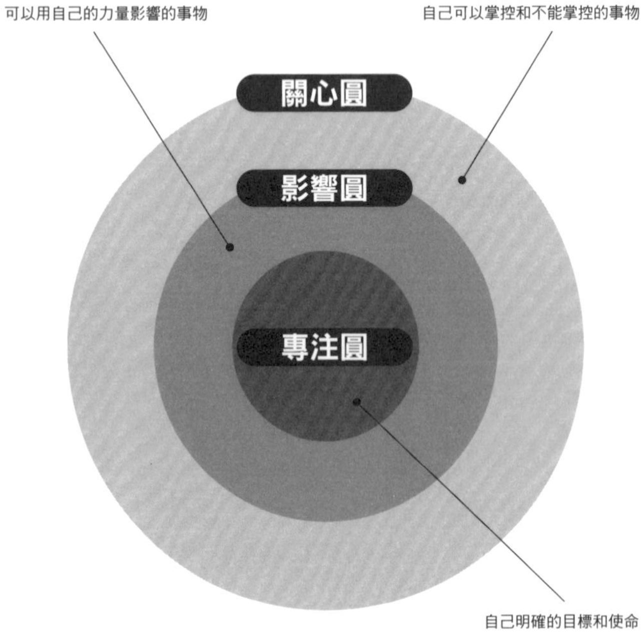


把時間和精力投入在自己能夠改變的領域（專注圓）上，而非自己無法改變的領域（關注圓），就能主動掌控自己的人生。

引用自《與時間有約》

化，你又能怎麼辦呢？你能影響某位名人的犯罪案、發生在國外的自然災害或首相的演說嗎？你能影響的事物應該非常有限吧。相反地，朋友離婚、兒子入學考試、自己升職加薪、職場人際關係，這些都會隨著你的努力程度而產生不同的影響。

「專注圓」是指影響圓中與自己的使命相符合的事物。對於某些人而言，可能是學習外語；對於其他人來說，可能是書法或健康管理，情況因人而異。不過，大部分的人可能都還沒找到自己的使命，而這樣的人會在關心圓和專注圓之間虛度光陰。

那麼，人們如果花費愈來愈多的時間和精力在關心圓上，會出現什麼結果呢？

關心圓是指自己無法掌控的事物，所以就算把時間花在這上面，世界也不會有任何改變。無論是因為支持的球隊奪冠而興奮地跳入河中慶祝，還是一直關注某位名人被捕的新聞報導，或者為了發生在國外的自然災害而傷心萬分，自己也不會因此而有所成長。花在關心圓的時間愈多，就會縮減花在影響圓和專注圓上的時間；相反地，如果把更多的時間和精力投入在專注圓上，專注圓就會變得愈來愈大。

以我為例，我一開始只是個英語還算不錯的學生。但在持續努力地學習英語之後，我終於成為一名英語會話講師。因為我能夠靠英語賺錢，所以相當於我從關心圓跨進了影響圓。之後在繼續磨練英語能力的過程中，我遇見那本渴望由我翻譯出版的原著，我就這麼進入了專注圓。像這樣，在專注圓中度過的時間愈久，專注圓的領域就愈廣。

那麼，把時間花費在影響圓上又會如何？是好事還是壞事呢？總比把時間浪費在關心圓上要好吧？但是，犧牲花在專注圓上的時間，可以說一點都不值得。

**覺醒於專注圓中的人，一分一秒都不想浪費，只想在專注圓中度過，所以對影響圓中的事物也不感興趣。**

只有點燃內心的火焰、在專注圓中覺醒的人，才能擁有學習這項強大的武器。

第 3 章

# 擺脫對金錢、工作和健康的不安，過著自由自在的生活

【滿足身體需求的方法】

# 保持健康的身心，注意養生

想像一下客船。對我們而言，身體需求就宛如客船的船體和燃料。如果船體破損或燃料不足，即使想出航也無能為力；如果想要出航的話，首先船體（＝身體）必須處於正常狀態，並且有足夠的燃料（＝金錢）才行。

同樣的道理，**若想過著有意義的人生，首先就必須滿足身體需求**。因此，我們將在這一章思考如何滿足身體需求，以及如何與大人學習法連結在一起。

只要維護和磨練自己這艘船體，就能順利地離有意義的人生更近一步；如果沒有健康的身體，就很難實現夢想或取得巨大進展。

保持健康良好的身體狀態，重要性不言而喻。**我們可以透過調整有健康三要素之稱的飲食、運動和睡眠，來維持健康的身體。**

換句話說，就是要多吃對身體有益的食物、養成運動的習慣、保持良好的睡眠品質，同時注意適當休息以避免過勞，努力管理身體狀況，平時特別注意以避免大病纏身。在現今平均壽命延長的時代，我們應該重新審視暴飲暴食、酗酒、缺乏運動、睡眠不足等不良習慣，特別注意養生。

維持健康最重要的事情是積極主動地採取行動，不要被氾濫的資訊牽著鼻子走，而是充分發揮智慧和理性，思考哪些事情才真正有助於維持自己的健康，仔細分辨資訊的真偽。一旦下定決心，就堅持三個月，不時進行驗證，以形成自己特有的健康習慣，這樣就能輕鬆地養成習慣了。

儘管走路、跑步、肌肉鍛鍊這些活動身體的事情既累人又麻煩，但如果能發揮主動性並養成習慣的話，想必就能更容易地堅持下去。

此外，**意識到保持健康是對現在和未來的投資，就能更容易維持動力**。

想要完成某件事情，例如長時間的學習和工作，體力是不可或缺的。聲音清亮、回答機靈、思考清晰，都離不開充足的睡眠和營養。

首先**確立自己的夢想，明確最終的目標，然後按照這個目標來維持健康。**

順便一提，我是透過堅持八小時睡眠和一天走一萬步的方式來維持健康。

在採取充足且優質的睡眠之後，不僅我的記憶力變得更好、腦袋更加清晰，新的點子也開始不斷浮現出來。身體不容易發胖，也很少感冒，好處多到數不清。有許多科學證據紛紛指出，優質的睡眠也有提高免疫力的效果。

另外，當我開始養成「一天走一萬步」的習慣後，從四十多歲開始一直困擾我多年的夜間頻尿問題也完全消失了。

在此之前，我每天半夜都得起床上兩三次廁所，儘管我去許多醫院拿過各式各樣的藥，但這個症狀四年來一直不見起色。在中醫的建議下，我才開始實踐「一天走一萬步」的方法，一週後就有顯著的效果，三個月後夜間頻尿的問題便完全痊癒。這是因為適當的運動可以促進優質的睡眠，進而調節荷爾蒙平衡所造成的結果。

此外，可以在零碎的時間加入伸展操等運動，養成每天的習慣也不錯。

**人類是基於自然法則而存在的，所以最好平時也要注意盡量多接觸大自然。**

不必特地為了接觸大自然而上山下海，只要在下雨天聆聽雨聲，漫步在公園的綠色環境中，觸摸季節花朵，就能讓身心得到放鬆。

身處在數位化的現代，我們的周遭充斥著視覺和聽覺的資訊，往往會失去五感的平衡。但只要每天抽出幾分鐘來做這些事情，就可以讓身心煥然一新。

# 保持健全經濟狀態的方法

有句話說「沒有恆產就沒有恆心」。這句話的意思是「如果沒有穩定的財產或職業，就很難保持穩定的道德心」。老實說，我自己從英國留學回國後，也曾經陷入一年左右的欠債生活，所以對這句話的含義有深刻的體會。如果經濟方面不穩定的話，即使想學習也沒有餘力。

即使在這種情況，不對，尤其在這種情況下，我們更應該牢記，**若想保持健全的經濟狀態，原則是節儉、勤奮、儲蓄和投資。**

要知道，建立健全的經濟狀態沒有捷徑。節儉、勤奮、儲蓄和投資的「Big Why」，是為了最終過著有意義的人生。若想靠購買彩券、賭博、非法牟利、投機等捷徑來賺大錢的話，很可能被人在背後捅一刀。不僅如此，如果不假思索地就去做看似好處多多的邪門歪道工作，抽到「下下籤」的可能性也會變高。愈是這種時候，愈要回歸節儉、勤奮、儲蓄、投資的原則。

**・節儉**

金錢不是無限的，能節儉的地方就要節儉，這是任何人隨時隨地都能做到的事。節儉一萬元和賺取一萬元相比，要簡單得多。然而，千萬別把吝嗇和節儉搞錯了。小氣本身並沒有意義，該花的錢還是要花。總之，節儉就是盡量減少不必要的開支，光是這麼做就會產生很大的差異。

**・貫徹勤奮**

如英國小說家阿諾德．貝內特所云：「勤奮工作的員工並不多見，所以勤奮工作的員工的名聲很快就會傳開。」我對這句話也深有體會。

勤奮的員工會全心全力投入到自己的工作中，並且能夠及時取得成果，可說是生產力極高的員工，但有時很難取得預期的成果。在這種情況下，能做的就是「成為組織中不可或缺的存在」。也就是說，要成為讓組織運作順暢不可或缺的模範員工。

對每個人打招呼、不遲到和無謂的加班、樂於接受一些雜務、按時提交必要的申請和報告、不違反公司規定等；只要做到這些身為員工該做的事，好感度一定會上升。即使沒有突出的業績，**這樣的人在職場上也會有很多盟友，不會受到孤立；就算業績惡化，也不必擔心遭到解雇**。

**・儲蓄**

沒有儲蓄的話，就必須賺錢才能過日子。不管在哪個職場（或者任何契約形式的工作），都或多或少會有一些不合理的事情，但經濟上的依賴度愈高，就愈得忍受不合理的事。

相反地，如果能夠儲蓄，經濟上不用依賴他人，就能夠對抗不合理的事情。即使遇到不合理的事情，也能隨時表達自己的意見，獲得這種心理上的自由是很重要的一件事。就算金額不多，也要開始儲蓄，相信經濟獨立的那一天終會到來。存多少金額都可以，關鍵在於每個月都要儲蓄。

### ・投資

儲蓄固然重要，但儲蓄並不會創造財富。要把儲蓄變成財富，我們需要靠投資。以我為例，我在信託基金、不動產、股票、外幣等領域持續投資超過二十年，只要長期持續投資的話，就不會因為短期的漲跌而忽喜忽憂，並獲得一定的成果。

另外，**大人學習法在某種意義上也是一種對自己的投資。因為提升自我，就等同增加創造財富的可能性。**

如果努力到最後能有恆產的話，那就最好不過了。有了恆心，就能全力投入於大人的學習法中。

## 確保經濟基礎的同時接近夢想

對於有工作和經濟基礎，但希望把興趣當成工作的人，我想根據自己的經驗，介紹兩個風險較小的方法。

**最安全的方法是，在目前的職場繼續工作，利用假日培養技能、知識和經驗，等累積到一定實力、找到合適機會後，就能開始轉職或從事獨立活動。**從經濟基礎的角度來看，這是最安全的做法。

順道一提，我從學生時代就想成為出版翻譯家，但從青山學院大學畢業時還不具備足夠的實力。於是我選擇了加班不多的大學行政人員工作，利用平日晚上和假日來鍛鍊自己的英語能力。特別是大學職員有暑假，假期比一般企業還多，所以我把這些時間全都用來提升英語能力。我完全不用擔心經濟問題，獎金也幾乎都花在英語會話學校和翻譯學校上；

在從事大學行政人員工作的四年間所磨練出的能力，對我日後的人生帶來很大的幫助。

另一種比較安全的方法是，**換一份能夠幫助自己實現夢想的工作**。如果你覺得現在的工作對於實現自己的夢想沒有任何幫助的話，可以換成稍微有幫助的工作。

我從學生時代就懷有成為出版翻譯家的夢想，但沒有實力、人脈和經濟基礎，自然不可能一下子就成為出版翻譯家。然而，一直從事大學行政人員的工作，也沒有部門可以讓我發揮英語能力，所以我藉由取得翻譯師證照的機會毅然決然地辭職，成為英語會話講師，進一步磨練自己的翻譯實力，終於成為產業翻譯的員工。

就這樣，我一步步地朝著成為出版翻譯家的目標努力前進。我沒有親身體驗過其他行業，但相信即使無法一下子找到能夠實現自己夢想的工作，也可以像我一樣換一份能夠幫助自己實現夢想的工作，離夢想更近一步。

經過努力找到夢寐以求的工作後，若經濟上還是不穩定，也可以找個與自己的工作相關的副業。先別在意收入多寡，而是考慮對未來更上一層樓是否有所幫助。

# 努力不懈地培育搖錢樹

為了盡可能不受金錢的束縛而生活，最實際的做法就是從年輕時就開始培養一棵棵的搖錢樹。所謂的搖錢樹，就是指不用做任何事情就能賺錢的系統，具體來說包括利息、股息、房租收入、版稅收入、權利金收入等被動收入。**只要搖錢樹帶來的收入超過支出，就可以不用為了賺錢而勉強工作，能夠全心投入到自己真正喜歡的事情中。**

本書不會討論怎樣的投資比較好，但從大原則來說，我認為分散風險是明智的做法。具體來說，就是要分散信託基金、股票、不動產等不同的投資對象。此外，即使只投資信託基金，也要記得分散投資的國家、時期、類型，並持之以恆地進行投資。

只要能盡早培育這類搖錢樹，等到退休的時候就會長成巨大的搖錢樹。事實上，我從三十五歲以後才開始投資基金，之後持續持有大約二十年的時間，如今已經收回比我投資的金額還多的利息了。這些利息就是我的被動收入。簡單來說，就是我投資一百元，收回的利息總額已經超過了一百元。不僅如此，本金還好端端地在那裡，所以得到的利息相當於天上掉下來的禮物。因此，投資愈早開始，持續時間愈長，報酬就有可能愈大。

我在四十歲以後取得五個學位，這也是因為我可以用投資的錢賺更多的錢才得以支應。

不用擔心金錢方面的問題也能維持生活的資產和結構，就稱為「財務自由」。想要擁有財務自由，還有一件重要的事。**那就是當累積足夠的財富，就不要再拚命去賺更多的錢，應該思考要如何活用這些錢。**

《新約聖經》上寫道：「你們不可在地上累積財富。（中略）要把財富累積在天國。」（馬太福音6：19～20），與其囤積錢財，不如用錢財幫助別人，讓別人感到快樂，這樣自己也會變得很幸福。而且，唯有保持這樣的心態，才能實現真正的財務自由。

# 讓有助於成長的正面壓力成為自己的夥伴

讓我們與壓力好好相處吧。告別負面壓力，讓正面壓力成為自己的夥伴。如果只是隨波逐流地生活，就很難做到這點，因此希望大家一定要有**「告別負面壓力，讓正面壓力成為自己夥伴」的強烈意識**。

最常見的負面壓力，就是在電視報導中看到的負面新聞。縱觀全世界，不管在哪個時代，各地總有悲慘的事情發生。例如：疫情、自然災害、戰爭、暴力犯罪……為了提高收視率，新聞報導會不惜讓觀眾陷入恐懼，吸引觀眾緊盯著電視不放。幾乎每天都有負面新聞。但請大家仔細想想，就算看了那些新聞，自己又能做些什麼呢？與其完全束手無策、只是徒增鬱悶，倒不如把目光轉向更愉快的事情上。

不光是電視會帶給我們負面壓力。網路也是巨大的壓力來源。像我就不會進行自我搜尋。因為評論有好有壞，不管世人怎麼評論我，我本身的價值都不會因此有絲毫改變。與其被那些評論弄得自己的心情上上下下，不如把時間花在能夠提升自己的事物上。我意識到這一點之後，就決定不再做自我搜尋。

另外，也要避開其他可能會造成負面壓力的事。和只能用爛桃花來形容的人交往、不想去的聚會邀約、在部落格的留言板和網友爭論、在社群網站上不斷貼文、遠距離通勤、和沒必要比較的人比較而感到沮喪等等……如果能完全擺脫這些負面壓力當然再好不過；即使無法完全擺脫，也要想盡辦法避開負面壓力。

壓力不全然都是負面的，也有正面的壓力，而我們應該善加利用這些壓力。例如：參加考試就會給人帶來壓力。對某些人來說可能是負面壓力，但對於主動參加檢定考試的我來說卻是正面壓力。

到了考試前一天，我會感到非常緊張。考試當天為了避免遲到，我還會算準時間前往考場，和許多考生一起拚命答題。這的確帶給我相當大的壓力，因此雖然是我主動決定參加考試，但真正要去考試的時候，我也會後悔報名參加。然而，一旦開始作答，我仍會把塞進腦袋裡的所有知識都拿出來，全神貫注地答題。因為除了考試以外，平常很少有機會能像這樣絞盡腦汁，所以對我來說這是很好的刺激。像這樣，**自己給予自己壓力，每次都盡力做到最好，就能練就一身實力。**

對我而言，檢定考試就有如運動員的比賽、棋士的對局、鋼琴家的音樂會一樣，雖然會感到緊張，卻是一種非常正面的壓力，可以讓我全力以赴。正因為有了這些壓力，我才能夠努力，也才能夠成長。

你想挑戰的是什麼樣的事物呢？不管是什麼挑戰，**只要是自己喜歡且需要付出努力的事物，愈挑戰就愈能磨鍊自己。**因為你會盡自己最大的努力。適當地讓自己承受這種正面壓力，可以成為讓自己成長的營養素。

# 提升自我是終極的裁員因應策略

我曾經換過好幾次工作，每次離職的時候，周圍的人都會給我「辭掉這麼穩定的工作實在太可惜了」、「這個工作薪水這麼高，也很容易請假，還有什麼好挑剔的？」、「在這裡一輩子都不愁生活」等各種忠告。

我辭掉的第一份工作是大學職員。辭職的原因是無法發揮英語能力這項武器。我無論如何都想找一份能夠充分發揮英語能力專長的工作。

在二十七歲的時候，我終於如願以償地在一家知名企業擔任產業翻譯的員工，但後來因為決定要去留學，只待了大約三年就辭職了。對於當時三十歲的我來說，姑且不去想之後的生活問題，留學是個千載難逢的好機會。當然生活也很重要，因為如果沒辦法生活的話，就不用提夢想和熱情了。

有不少人都是為了生活而工作，這讓我從心底感到驚訝。幾乎大多數人都沒有意識到，把人生最寶貴的時間浪費在無法燃燒熱情的工作上，是多麼大的損失。即使工作的主要目的是賺錢，得到的也只是金錢和面子這類看似靠得住、實際上未必靠得住的東西，難以培養出能夠自信地大聲說出「我有這項專長」的強項。

人生是一連串的意外。如今連即使是公認鐵飯碗的企業也會倒閉。事實上，現在日本幾乎有一半的私立大學招不滿學生，四成的私立大學處於虧損狀態。再說回我曾經工作過的那家知名企業，在我離職一年後，我所屬的翻譯部也收攤了。現在回想起來，還好當年的我沒有死抱著那份工作不放。

那麼，面對無法預知的未來，什麼才是最可靠的呢？那就是磨鍊自己的個性和能力。

**只要持續磨練自己擅長的領域，並懷著帶給社會貢獻的誠摯心態，就能展現自己的特色，創造出對社會有幫助的機會。**萬一不幸遭到裁員，也比較容易找到新工作，或是利用自己的優勢開始創業。這樣的因應對策比起執著於某些事物還要實際多了。

## 簡單切換到學習模式的方法

人類渴望「成長」的本能其實並不強烈，反而相當脆弱。下定決心放手一搏固然容易，但持之以恆卻非常困難。**沒有心情的時候勉強自己學習很痛苦，如果變得討厭學習反而得不償失。像這種時候就要花點心思，讓自己進入學習模式。**

**・芳香療法**

不妨在學習時使用具有提神效果的精油，尤其推薦使用刺激性較高的尤加利或茶樹等。可以在面紙或手帕上滴幾滴自己喜歡的精油，用這種簡單的方式來聞香。我在家裡學習的時候會使用霧化香氛機，使香氣在室內擴散。這是一種將精油原液倒入玻璃瓶內，利用空氣壓力使其變成霧狀，讓香氣在空氣中擴散的裝置。雖然價格較為昂貴，但香氣很快就會遍布整個屋內，讓頭腦瞬間清醒，提高學習的專注力。

在臥室裡使用具有鎮靜效果的精油可以讓我們快速入睡，對於消除疲勞有很大的幫助。有助於深層睡眠的精油包括薰衣草、柑橘等。

據說芳香療法不僅有助於提高專注力，還具有安眠、消除壓力、抗菌等效果。

下一頁介紹了主要的精油功效，請大家務必找到自己喜歡的香氣，以作為提升自我的「利器」。

擴香石是一種在圓形的石頭上滴上幾滴精油，利用精油自然揮發的原理製成的商品。攜帶式的擴香石方便隨身攜帶、效果即時，即使人在外面，也能瞬間讓頭腦清醒。隨時隨地聞一聞香氣，就能輕鬆地切換成學習模式，價格也很實惠，相當推薦。

**・筆記本**

很多勵志書都告訴我們，只要把自己的夢想寫在紙上，夢想實現的可能性就會提高。其實還有一種更能感受到效果的方法，那就是把夢想或目標寫在筆記本上，也可以寫「想要成為什麼樣的人」等願望或野心。

### 有助於提升專注力和放鬆的精油

**提升專注力**

**活化腦部，促進血液循環**

- 尤加利
- 茶樹
- 黑胡椒
- 薄荷
- 檸檬

**失眠**

**具有鎮靜作用，帶來放鬆效果**

- 橙皮
- 沉香醇百里香
- 橙花
- 薰衣草
- 羅馬洋甘菊

**煩躁**

**具有鎮靜作用，緩和緊張情緒**

- 檀香木
- 玫瑰草
- 苦橙葉
- 乳香
- 檸檬香茅

**不安、沮喪**

**紓緩不安，給身心帶來活力**

- 茉莉
- 佛手柑
- 柑橘
- 馬鬱蘭
- 迷迭香

總之，將強烈的心意寫在筆記本上後，每次開始學習時，就把筆記本放在眼睛看得見的地方。這麼一來，寫在筆記本上的內容就會以驚人的機率實現。**因為只要自己寫下來，讓這些內容一直出現在視線範圍內，不論是否意識到，潛意識中都有可能會不斷朝著那個目標前進。**

**・藏身處**

尋找只屬於自己的「藏身處」吧！最好是人氣適中，不用擔心會被學習以外的事物分散注意力的地方。如果家裡有這樣的藏身處最好；沒有的話，就把圖書館、咖啡廳等當成藏身處吧。像我自己就找到了十個喜歡的藏身處。根據每天的心情，以「上午去這家咖啡廳，下午去圖書館」的方式更換藏身處，讓自己可以在轉換心情的同時持續學習。

作家渡部昇一先生因為訂閱的英文雜誌常常讀不完而堆積如山，便養成去自己喜愛的咖啡廳讀英文雜誌的習慣。為了閱讀英文雜誌而特地跑去咖啡廳，雖然會付出相當的時間、精力和金錢，但這樣可以讓自己處於必須閱讀英文雜誌的狀態，得以切換成學習模式。

去圖書館的話，可以看到周圍都是埋頭學習的人，自己也會自然而然地投入學習；去咖啡廳的話，只要花一杯咖啡的錢，就能專心學習一段時間，還可以享受到美味的咖啡。在新冠疫情期間，由於遠端工作而無法提高工作效率時，如果擁有可以讓自己專心學習或工作的藏身處，工作效率就會大幅提升。

家裡充斥著網路等各式各樣讓人分心的誘惑。容易受到誘惑的人，在學習的時候就要盡量走出家門，讓自己置身於無法輕易連上網路的環境當中。另外，也可以利用智慧型手機或智慧音箱的定時功能，事先限制自己觀看網路影片的時間。比如設定一天一小時或一週四小時等，自己制定規則，設定的時間一到就一定要停止觀看。**透過自律和時間安排，就能自然而然地培養專注學習的節奏。**

# 偶爾用小小的奢侈來犒賞自己

保持健全的經濟狀態，原則是節儉、勤奮、儲蓄、投資。然而，一味堅守原則會讓人喘不過氣，且忍耐過度會產生巨大的反作用力。

因此，有時候也可以稍微揮霍一下，盡情地享受快樂，或者充分享受自由時光。這不是「浪費」，而是能夠發揮「消遣」的重要功能，**也會成為下一個新的目標或出發的動力**。

其實我每次達到目標的時候，都會給自己獎勵來犒賞自己。只要這麼做，人生就會變得無比愉快。在開始學習的時候給自己準備好獎勵，動力就會提高；達成目標得到獎勵的話，就能享受到最開心的時刻。可以自己自由設定獎勵的標準。

以我本身為例，我決定「如果通過實用法語技能檢定準二級的話，就去品嘗精緻的法國料理」。堅持自學法語是非常困難的一件事。但是，如果把通過法檢當成目標，在達成目標的時候得到獎勵的話，就能成為很好的動力。把享用法國料理當作法檢合格的獎勵，比起毫無理由就去吃會好吃更多倍。

另外，即使沒有成果，也可以用獎勵來鼓勵自己完成長期努力的工作或任務。決定「翻譯完這本書後，隔天就去健康樂園好好休息一整天」，這也會成為達成下一個新目標的動力。比起沒事去健康樂園放鬆，這麼做更能在健康樂園盡情享受。將「購買從前一直很想要的東西」作為獎勵，也是一個不錯的方法。

**準備獎勵給竭盡全力朝設定目標努力的自己，姑且不論成果如何，只要挑戰就能獲得獎勵，就不會覺得挑戰是一件苦差事，而且會不斷產生新的目標。**

只有節儉、勤奮、儲蓄、投資的人生，往往會讓人覺得喘不過氣。但是，如果把錢浪費在不能促使自己成長的事物上，即使能夠獲得瞬間的快樂，也無法實現有意義的人生。

# 第 4 章

# 重設人際關係的一切煩惱

【滿足社會情感需求的方法】

## 透過人文科學科目鍛鍊應對人際關係的技能

再次想像一下前面提到的客船例子。對我們而言，社會需求就像是客船上的交通規則，而情感需求也可以說是客船內的人際關係。**即使是船體沒有問題、燃料也很充足的客船，如果不遵守交通規則，就有可能與其他船隻相撞；如果客船內的人際關係不和諧，則無法享受搭船的樂趣。**

人類是社會性的動物，只能在社會中生存，也只能在與社會的互動中感受到快樂。換句話說，獨自一人無法過著有意義的人生。因此，我們將在這一章探討如何滿足社會情感需求，以及這點如何與大人學習法連結在一起。

哲學、心理學、神學、文學等人文科學領域，往往被認為是最難賺大錢的學問。但事實果真是如此嗎？這些學問看起來與商業沒有直接關係，所以對於一心想賺錢的人來說，可能會覺得「學了只是在浪費時間」。

不過，我們是否也可以換個角度想呢？有些人因為無法忍受職場的人際關係而辭職。當然，可能是因為進入黑心企業，但是也可能是基於這類情況：大多數人都能忍受的職場，對某些人來說難以忍受；因為一點小事而生氣，導致人際關係惡化。

在觀察這些人際關係糾紛的過程中，我經常會覺得，如果學過看似沒用的哲學、心理學、神學、文學等學問，或許就能化解人際關係的糾紛。倘若真是如此，那麼這些乍看之下似乎毫無意義的學問，其實就對賺錢有間接的幫助。因為一旦辭職或遭到解約，就會失去賺錢的機會。

我本身也遇過很多次透過人文科學的學問來避免人際關係糾紛的經驗。

舉例來說，如果學過哲學領域裡的認識論，就會清楚地知道自己所認識的事物未必是事實。因為我們會發現，很多時候在自己眼裡看來絕對沒錯的事情，往往是因為認識的不夠全面。認識論的專業書籍中就介紹了這類令人驚訝的例子。只要累積這些令人感到衝擊的知識體驗，就會**對自己的認識保持謙卑，瞭解自己所認識的事物只不過如此，而且未必是真實的。**這樣一來，即使自己的認識和他人的認識有所出入，也不會感到生氣。只要抱持這樣的心態：「只是在我看來是這樣，在他看來不是這樣罷了。到底哪一邊的認識才是真實的呢？在尚未弄清楚之前，先別和對方發生衝突吧，因為也有可能是我的看法不對。」心中的憤怒就能輕易地壓抑下來。這樣一來，**就能盡量避免與他人發生衝突。**

在倫敦大學神學院學習宗教學，是我人生中的一個重大轉折點。在此之前，我從未仔細閱讀過《新約聖經》，但因為是必修課程，所以我不得不花三年的時間學習《新約聖經》。有些人一聽到「聖經」兩個字可能會感到排斥，但我並不是要主張《聖經》上的內容都是正確的，而是要說明把能夠接受的部分應用到自己的人生當中，光是這樣就足以改變人際關係。事實上，**自從我把《聖經》當成自己的精神生活支柱後，我幾乎不再為人際關係而煩惱。**

尤其讓我感觸頗深的經文包括「不要自己伸冤，聽憑主怒；因為『主說：伸冤在我；我必報應』。」（羅馬書12：19）和「你們若因行善受苦，能忍耐，這在神看是可喜愛的。」（彼得前書2：20）等。反覆讀了這些話數百次後，現在的我就算遭受不公平的對待，也不會想著給對方還以顏色。

**心理學的領域中有一門名為交流分析的學問，這對於改善人際關係有很大的幫助。**學習交流分析可以讓我們明白人際關係破裂的原因（詳見拙譯《幸福になる関係、壊れてゆく関係》原文書名為《I'm Ok-You're Ok》湯瑪斯．哈里斯著），只要掌握其原理和技巧，就更容易預防人際關係的破裂，還能看出哪些人是不能深入交往的人。

回想起我年輕時遇到的人際關係問題，如果當初學過哲學、心理學、神學、文學這類人文科學的話，應該就能避免很多問題。我們往往比較注重實際利益和效率，卻忽略了人性與情感。如果有人際關係方面的困擾，不妨試著學習一下人文科學方面的學問，你一定可以發現新的視角。

## 最高境界是遠離批判自己的人，不去批判別人

倫理學的學習對於我探索人際關係有莫大裨益。其中最重要的一點，就是學會遠離批判自己的人。倫理學的內容非常廣泛，這裡舉一個我覺得很有用的例子。

人際關係中最需要注意的事情之一，就是遠離批判自己的人。批判他人的行為包括「批評（judge）」、「責難（condemn）」、「否定（deny）」等。這些字與「批判（criticize）」很相似，但英語的批判本質上與前面三種不同，原本是區分真實與虛假事物的意思。在重視批判精神的西方，**批判並非責怪對方的意思，而是站在對方的立場，一起思考什麼是真實、什麼是虛假，是具有建設性的詞彙。**

相較之下，批評是一種單方面評價對方的行為；也就是自己站在高人一等的位置，自以為是地對對方指手畫腳。在某些情況下，這是非常無禮的行為。

比批評更惡劣的是責難。這是一種無情地指責對方缺點的行為。「這樣的失敗實在太糟糕了」、「簡直不配當社會人士」、「考試不及格是你活該」等等，這無異於職場霸凌、精神暴力。如果做出這樣的責難，人際關係就很有可能出現難以彌補的裂痕。

最糟糕的是否定。這是指用汙言穢語辱罵對方的行為。如此無禮之舉，即使只是一句話，也有可能毀了人際關係。話一旦說出口，事後再怎麼道歉也是覆水難收。如果不想與對方反目成仇，無論再怎麼生氣，也不要否定對方。

批評、責難、否定都不過是無視對方存在也能做到的獨白（自言自語）。而批判則不同，這是以和對方站在相同立場上進行對話為目的。既然站在相同的立場，自己的錯誤或許會被指出來，正因為冒著這樣的風險，對方才會敞開心扉。

如果你說出自己的夢想，卻遭到別人的批判，那就虛心地傾聽吧。**願意批判你的人，是想和你站在相同的立場，與你進行對話。對方也許是想告訴你，你自己一個人無法發現的缺點。**說不定其中就藏有讓你成長的契機，通過對話或許可以發現更好、更新的道路。因此，即使是不中聽的批判，也應該心存感激。

但是，**切記要遠離批評、責難、否定你的人**。他們的話語只會澆熄你內心的火焰。如果是工作上不得不相處的人，或無可避免地得和對方有一定程度的接觸，就盡量減少接觸的機會，別和對方牽扯不清。這是不讓內心的火焰熄滅的最好辦法。

# 加入志同道合的群體

人類是社會性動物，這意味著人類一旦加入某個群體，不管本人是否有所自覺，都會成為社會化的動物。

究竟什麼是社會化呢？

社會化意即透過與隸屬某個群體的人們之間的相互作用，內化該群體的價值觀，從而融入該群體，得以過著集體生活的過程。無論好壞，近朱者赤就是這個道理。

值得注意的是，**如果加入的是劣質群體，即使本人意志堅定，自己也有可能在不知不覺中沾染上該集團的惡習。**

反之，如果加入的是優秀的群體，就會獲得該群體的優點。

有意識地想要獲得優點的社會化過程稱為模仿，但也有不需要特別意識就能獲得優點的情況。那就是在不知不覺中受到良好的刺激，自己也跟著奮發向上，此即受到薰陶。

單憑一己之力改變群體的氛圍是極其困難的事；如果是不良群體更是難如登天。例如：加入一個喜歡追求賭色等享樂主義的群體，就有可能在不知不覺中受到他們影響，遲早變得像這些人一樣。

若**想點燃內心的火焰，加入志同道合的群體不失為一種有效的方法**。如果立志學習的話，就去喜歡學習的人聚集的地方；如果立志從事音樂的話，就去喜歡音樂的人聚集的地方；如果立志走上將棋之路，就去喜歡將棋的人聚集的地方。

至於要加入什麼樣的群體，取決於你所熱衷的事物，若能加入志同道合的群體，想必會對這個事物大大加分。因為不僅可以在看得見的形式上得到建議和討論，還會**在不知不覺中受到周圍人的良性刺激或薰陶**，從而產生正面影響。倘若你真的想要實現夢想，不妨思考一下自己應該加入哪個群體、遠離哪個群體。因為這個決定可能會在多年後顯現出巨大的差異。

## 與上司和同事和諧相處的方法

日語有句諺語說：「船夫一多，船就會駛上山。」意思是如果指揮的人太多，會造成一團混亂，導致事情無法順利進行，甚至可能出現荒謬的結果。當你乘坐的客船啟航時，你有自己的立場。有時你是船長，有時則不然。如果你不是船長，就必須特別注意。**愈是優秀的人，愈想成為「船長」，但這正是衝突的導火線。**

關於這點，前面提到的英國小說家阿諾德．貝內特曾做過一個有趣的觀察，容我在此引用一下：「勤奮的員工看見雇主是個比自己稍微懶惰的人時，就會覺得自己在道德方面比雇主更加優秀。他們甚至會指出雇主在懶惰這一點上是錯的。然而，雇主就像主人一樣，絕對不會做錯事。所以勤奮的員工必須謹慎行事。」

**愈是勤奮，愈是優秀，就愈容易看見別人的缺點。**

「這個地方明明一定是這樣做比較好」、「這個人在這個位置待了幾年？真是個沒能力的無用廢物」，你是否遇過說這種話的上司？然而，正如阿諾德·貝內特所觀察到的，船長（雇主、社長、上司、前輩、年長者）是「絕對不會犯錯的」。

因此，如果你不是船長，即使對方在自己看來多麼差勁，也不能頂撞。否則就算你是對的，也遲早會被迫下船。

我覺得開始學習哲學最好的一點是，我學會對自己的想法保持虛心。

即使在自己看來是絕對正確的事情，經過仔細斟酌之後，往往也會覺得並不是那麼正確。**對於世上所有現象來說，能夠稱得上絕對正確的，只會出現在數學世界裡**（不過，數學世界裡也存在著無法斷言是絕對正確的現象），而這一點我是在學習哲學後才清楚地認識到。明白了這一點之後，我就能理解船長不管對任何事情做出怎樣的判斷，都不應該頂撞他們。

**我們只能對自己負責的領域做出判斷，最好別對他人的事情指手畫腳。**向前輩提出建議是不可取的行為。

此外，最好別出言干涉的對象，不光只有雇主、社長、上司、前輩、年長者。無論同事或部下做任何事情，都要對他們的判斷保持一定的尊重。因為他們並不是在意識到自己錯了的情況下做出錯誤的事，而是相信在他們眼中「看起來正確」的事情是「正確的」。

況且，即使是看起來錯誤的事情，經過仔細斟酌之後，也有可能是正確的。所以，最好別在沒有仔細斟酌的情況下就出言干涉（只有在明顯觸犯法律的時候才能出言干涉）。

好不容易如願加入適合自己的群體，如果總是和群體裡的上司或同伴發生衝突，不僅享受不到樂趣，自己也無法成長。好不容易獲得大展身手的機會，卻有可能自己主動放棄。

# 人際關係的鐵則是建立雙贏關係

人都具有愛人和希望被愛的基本需求，如果這個需求沒有得到滿足，就容易感到孤獨。

但是，渴望愛和被愛的對象並不僅限於異性。不要被「只要結婚就能幸福」的俗套價值觀所左右，要思考如何以自我為軸心來滿足愛與被愛的需求。

**不管是婚姻、戀愛、友誼，在所有人際關係當中，可以說唯有當雙方都抱持正面的情感，才能建立和諧的關係。**

關於這一點，我在研究所的課堂上學過一個很有意思的概念。那就是，**只要其中一方的情感變得負面，這段人際關係就無法維持下去了。**

換句話說，無論自己再怎麼正面，只要對方是負面的，雙方的關係就會變得不平衡，很難繼續維持和諧的人際關係。

一時爭贏對方、沉浸在那一刻的優越感中，卻讓對方產生負面情感的話，到了緊要關頭時，對方就不會出手相助。起初自己佔上風看似是加分，但從長遠來看卻是得不償失。因為找不到伴侶、交不到朋友而煩惱的人，不妨回頭想想自己是否給對方帶來負面的情感。不必要地指出對方的錯誤、挑起爭論、不斷嘮叨提醒，這些都會讓對方產生負面情感。也要注意別做出讓對方沒面子的行為，因為這會給對方帶來嚴重的負面情感。

不過，僅僅不讓對方產生負面情感，並不能加深關係，頂多只是不樹敵而已。想要建立親密的關係，必須做出能讓對方產生正面情感的行動。

那麼該怎麼做呢？原則上，不要把自己的快樂放在第一位，而是把對方的快樂放在第一位。當然，在自己力所能及的範圍內就好。不犧牲自己，而是按照自己的意願，基於「想為對方做什麼」的單純理由，努力讓對方快樂。這樣一來，就會發現有很多自己想做的、應該做的事情。

舉例來說，如果有人求助，就在自己力所能及的範圍內給予幫助；如果有人心情低落，就對他說一些鼓勵的話；如果有人因為加班而忙得不可開交，就在自己能幫忙的範圍內給予協助；如果擅長英語，也可以給為學習英語而煩惱的人一些建議。除此之外，一些小細節也要注意，比如讚美好的地方、對不好的地方睜一隻眼閉一隻眼等，像這些微不足道的小事都可以。

這些事情都是把對方的利益放在第一位，對對方真正的愛情表現。一旦對方知道你是不期望任何回報而這麼做，就很有可能被你的真誠所打動，從而喜歡上你。

不管是什麼樣的人際關係，**最好捫心自問，自己帶給對方的是負面情感，還是正面情感**。如果能夠自然而然地做到這些，那麼愛與被愛的需求就會得到滿足，也就不會再被孤獨感折磨了。

## 別因為少數幾件事就宣判死刑

**想要與他人和諧相處，同時建立良好的關係，關鍵就在於判斷一個人時，不要把行為與性格連結在一起，而是根據行為本身來判斷。**心理學上把前者稱為「屬人」、後者稱為「屬事」。如果無論何事都和性格連結起來判斷的話，就很難看出對方真正的優點。

舉例來說，當某人沒能遵守截止日期時，從屬人的角度思考問題的人會認為「他是無法遵守截止日期的人，性格散漫」，而把沒有遵守截止日期的事實和對方的性格連結起來；反觀從屬事的角度思考問題的人，會接受「這次沒有遵守截止日期」的事實，不會再去尋求更多意義、認為對方有著無法遵守截止日期的散漫性格。

「也許對方真的性格散漫。但他說不定其實是一絲不苟的人，只是因為一些不可抗力因素，這次才延遲了。」這就是屬事思考的思維。

如果從屬人的角度來思考問題，很容易因為一些微不足道的事給對方貼上標籤。一旦貼上負面標籤，就很難發現對方真正的優點了。

**僅僅因為一次負面印象就對對方失去信心，這種「一次就宣判死刑」的判斷，說不定會永遠剝奪開發其潛在能力的機會。**已經發生的事就讓它過去，心平氣和地思考吧。

而且，**無論發生什麼麻煩，都絕對不能傷害對方的自尊心。**

近年來，企業內部因上司長時間的謾罵與否定人格的發言，造成職場霸凌和精神暴力的案例屢見不鮮。可以說當人際關係出現問題時，處理方式將會決定能否建立起好人緣。人一旦感情用事，往往會不顧對方的自尊心；然而一旦傷害到對方的自尊心，就再也無法建立良好的關係了。

**每個人都是以自我為中心，絕對不會對貶低自己的人抱有好感或敬意。**

反之，對於能夠讓自己提升自尊心的人，無論如何也不會討厭，這也是人類的本質。無論多麼不稱職的部下、不可靠的上司，只要對方始終尊重自己的人格，便不會憎恨對方。

即使在發生糾紛或生氣的時候，也只會把焦點放在對方的行為上，對行為本身做出批評。記住千萬不要說傷害對方自尊心的話。一旦傷害到對方的自尊心，不僅會使人際關係惡化，還會表現出自己沒有品格的一面。

這是適用於任何人際關係的準則，尤其是屬於公司組織的人，最好在培養部下等情況下意識到這一點。

# 與有害的家人親戚保持距離

渡部昇一先生在他的著作中，針對與家人和親戚的來往如此描述：

「除了重病以外，家人和親戚的問題對於理性生活是最大的障礙。至於其他方面，在現代生活中，都可以隨心所欲地切斷。可是，問題一旦牽涉到父母、妻子、孩子、兄弟姊妹，就無法避開。這種關係一旦糾纏不清，會讓神經正常的人無法過著理性生活。（中略）家人和親戚對於理性生活來說，多半可以看作負面因素。」

另外，作家下重曉子女士也感慨地說：「沒有比家人更難搞的事情。」與家人有關的事件和糾紛層出不窮，但日本卻過度美化了家人。

與家人和親戚的來往，不可一概而論，有好也有壞。因此，我不打算宣揚「應該與家人和親戚和睦相處」這種理想論。事實上，世上有很多最好別與之來往的家人和親戚；正如渡部先生所洞悉的那樣，我也認為對理性生活來說，家人和親戚多半是負面因素。**所謂有害的來往，往往是因為自己和對方的界限很模糊。**因此，他們會將自己的期望或價值觀強加給對方，或試圖操縱對方按照自己的意思去做。

「我希望你這樣做，所以你也應該這樣做。」

「既然同為手足，做這些事也是應該的。」

「如果你不在我有困難的時候幫我一把，就休想我在你有困難的時候伸出援手。」

「大家都是親戚，幫這點小忙也沒什麼吧。」

既然彼此都是成年人，即使是家人和親戚，也應該尊重對方的人格，但有時兒童時期的權力平衡會一直延續到成年以後。對父母來說，孩子不管到了幾歲都是「孩子」；對於年長的哥哥、姊姊來說，年幼的弟妹永遠是「年幼的弟妹」。如果權力大的一方剛好是個好人，能夠認可對方的人格、真誠地相處固然最好，但這只是一種理想，實際上並非如此的例子比比皆是。

「毒親」、「首抽父母」等，愈來愈多的人抱持著無法選擇父母、人生全由父母決定的無奈人生觀；尤其是煩惱與父母的關係、精神受到打擊的人，數量更是多到嚇人。

就算是親子，也不要抱有「只要誠心誠意地相處，自己的誠意遲早會傳達給對方」的幻想。因為就算是出於善意為對方做很多事，對方是否會改變仍取決於其本身；如果對方沒有改變，搞不好還有可能被拖進無底深淵。要不要避免這種情況，端視自己的決定。即使長大成人，仍維持小時候的權力平衡，像這種無視人格的家人和親戚，最好盡量與他們保持距離，這才是明智之舉。

沒有必要因為是家人、是親戚這些理由而過度顧慮對方的感受。除了法律義務之外，有時在極端的情況下，可能不得不採取斷絕一切來往的方法。如果只有這樣才能保護自己，那也是無可奈何的事。

別因為家人和親戚應該要和睦相處的俗套倫理觀，就和無視自己人格的家人和親戚打好關係。每個人都有權利愛惜自己，要保護自己的心靈，不必委曲求全。

# 管好自己嘴巴的人就是最大的贏家

如果老是與他人發生衝突，就會遭遇各種阻礙，無法達到原本的目的。有沒有不與他人發生衝突、不招致他人怨恨的方法呢？

我覺得沒有。因為即使是自己百分之百真心誠意所做的事情，會誤解的人還是會誤解，也有人會抱持偏見或怨恨。

更糟糕的是，有些人不只是「誤解」，甚至還「曲解」事實。即使自己努力想要解釋，也無濟於事。遺憾的是，世上還有不講理、想說服他們根本是秀才遇到兵的人，我們只能盡量避免和這些人扯上關係。即使是工作上不得不打交道的對象，也要盡量減少接觸的時間，以免惹火上身。

不過，**雖然稱不上完美，但還是有一些方法可以盡量減少與他人發生衝突。那就是無論**

**自己受到怎樣的辱罵或嘲笑，說話都要小心謹慎。**禁止批評或中傷對方，也要小心別說出容易引起誤解的話。**只要能夠注意自己的言辭，大部分的衝突都可以避免。**

假設對方對你有所誤解，並且對你造謠汙衊。如果對方是那種可以講道理的人，或許還能消除對方的誤會；但如果知道對方不講道理的話，就別再和他爭辯。不要理會，把對方當成空氣吧。

一旦不理會對方，對方一開始可能還會生氣地說：「不要無視我！」但只要繼續無視下去，對方就沒有辦法再對你生氣，不久就不再說什麼了。面對無理取鬧的人，我們只能這麼做。

《聖經》中隨處可見勸誡我們謹言慎行的段落：

「多言多語難免有過，約束嘴唇才有智慧。義人之舌如高銀，惡人之心所值無幾。」（舊約聖經 箴言10：19～20）

「謹守口舌者得保性命，大張其嘴者必致敗亡。」（舊約聖經 箴言13：3）

不管受到怎樣的辱罵或輕視，我都絕不還口。一旦使用不雅言詞，就有可能造成難以彌補的裂痕；一旦出現裂痕，就算雙方事後握手言歡，也可能會在某個時候又想起過去的恩怨。一旦讓他人耿耿於懷，即使幾十年過去，也有可能再次被提起，最好特別注意。這就是我說話很謹慎的原因。

除了口頭溝通以外，也必須注意電子郵件或社交網站等處的文字溝通。由於網路上看不見對方的臉，更容易傳達出批評對方的言論，因此用文字溝通的時候更要加倍小心。

**一定要謹言慎行，謹言慎行絕對不會吃虧。無論是口頭還是文字，都要避免使用粗鄙或冷酷的話語。**這樣一來，就可以避免和別人發生不必要的衝突。

# 感謝當下的人際關係和所處的環境

人生在世，難免都會遇到困難或令人難以釋懷的事情。

在這種時候，「八福」（新約聖經．馬太福音5：3～10）就是幫助我們化解心結的啟示。

「心靈貧窮的人有福了，因為天國是屬於他們的。」

「悲傷的人們有福了，因為他們必得安慰。」

「溫和的人有福了，因為他們必承繼地土。」

「飢渴慕義的人有福了，因為他們必得飽足。」

「憐恤他人的人有福了，因為他們必蒙憐恤。」

「清心的人有福了，因為他們必得見神。」

「使人和睦的人有福了，因為他們必稱為神之子。」
「為義受迫害的人有福了，因為天國是他們的。」

讀到這裡，或許有不少人會心存疑惑，這不是在宣揚苦難和悲傷是幸福的源泉嗎？事實不是與書中所寫的恰恰相反嗎？

但是，隨著我們不斷深化大人的學習法、豐富人生的經驗，應該就更能理解這些命題的真諦。

苦難和悲傷是人生的必經之路。一旦這些困難突然降臨，無論是誰都會變得慌亂失措。

然而，即便面對這些困難和苦難，也依然選擇勇敢面對、不屈不撓地繼續學習，我們就會得到鍛鍊，對這些事情變得更有抵抗力。

而且，**令人難以釋懷的事情和痛苦的經歷愈多，就愈能體會沒有任何煩惱的普通狀態是多麼珍貴和幸運**。換言之，這是經過各種苦難成長所獲得的幸福感。

另一方面，愈是缺乏經驗、不成熟的人，愈會把普通狀態視為理所當然，而不懂得心存感激。從長遠來看，這可以說是一件非常不幸的事。

只有經歷過被某些人折磨或傷害的經驗，才會深刻體會到「不受到（他人）折磨」、「不受到（他人）傷害」是多麼地可貴。正因為是自己無法控制的事情，才能對平靜安穩的狀態心存感激。

雖然每個人都希望避開困難和辛苦，但人生就是無法迴避這些。既然如此，**我們應該慶幸自己活在沒有苦難的平凡狀態，對這段如白駒過隙的時光心存感激。**

受新冠疫情的影響，學校紛紛停課，不少大學課程都改成線上教學，留學計畫也化為泡影，導致學生們失去很多寶貴的學習機會。外國旅客的消失造成各行各業的業績下滑，不少人面臨失業、裁員、破產、減薪等問題，遠端工作也導致家庭不和。在行動受限的情況下，很多人也無法輕易見到遠在他鄉的年邁雙親。回顧全世界遭受這些「困難」侵襲的兩年時間，我深切地感受到理所當然的日常生活是多麼地珍貴。

愈是經歷過痛苦，就愈能理解他人的痛苦，也才會對有困難的人伸出援手，希望自己能幫上某人一臂之力。像這樣成為能夠有所貢獻的自己，才是真正的幸福不是嗎？

**珍惜現在理所當然的人際關係，珍惜自己理所當然的處境，把痛苦和悲傷視為「幸福的源泉」，就不會那麼容易受到困難所動搖。**

此外，「八福」也可以用下面的方式來解讀。

「我們是在重視家人、工作、朋友、健康、金錢、快樂的情況下生活，但這些都是不完美和短暫的，就連現在擁有的生命也終將消逝。不依賴這些變化無常的條件，這樣的生活方式才是真正的幸福。」

《聖經》有時會帶給我們很多這類啟示。

## 學會與自己好好相處，堅強面對孤獨

提到相處，大部分的人就會想到與他人的相處，但我認為與他人的相處同樣，不，甚至更重要的是與自己的相處方式。

**因為如果只是按照他人的價值標準勉強去做自己不想做的事，或者偽裝真正的自己去迎合他人，就無法培養出真正的自我，也無法發自內心地享受自己的人生。**

而大人學習法可以讓我們培養真正的自我，使人生變得更加有趣和充滿期待。然而，大人學習法需要花費大量的時間，也需要勇敢面對孤獨。

優秀的學者、音樂家、作家、畫家、棋士們之所以能夠嶄露頭角，是因為他們對自己認為有價值的事物投入大量時間，不畏孤獨來磨練自己。

一旦愛上孤獨、不再為孤獨感到痛苦的時候，就能按照自己內心的標準行動，而不是按照他人決定的標準。

不是從能否獲得名譽、金錢等外在報酬的角度，而是從是否從事自己喜愛的工作來評價自己。正因為如此，才能建立起不會受到外在報酬所左右的堅強自我。

可能有些人會認為，在致力於大人學習法的期間，必須忍受長時間的孤獨，這樣難道不會感到寂寞嗎？但我的回答是否定的。

因為在進行大人學習法的過程中，可以想像出充滿活力和光明的情景。以我自己為例，我會想到那些閱讀我的作品而感到愉快的讀者們，或者參加我主辦的活動而感到開心的人們。我會迫不及待地期待這些情景成真的那一天，而不會萌生寂寞的感覺。

**愛上孤獨並不斷學習，就能建立起不為一點小事所動搖的堅強自我。**此外，如果能夠想像自己對社會有所貢獻的情景，那麼每一天都會充滿興奮和期待。如此一來，寂寞這種情感便無機可乘了。

第 5 章

# 「學習」才是最高境界的娛樂

【滿足心智需求的方法】

## 有價值的事物無法輕易取得

這裡再以客船為例。對我們來說，心智需求可以說就是客船的性能。即使是船體正常、燃料充足、熟悉交通規則、內部人際關係很和諧的客船，如果性能不佳，恐怕也航行不了多遠，甚至有可能在波濤洶湧的海面上翻覆；反之，如果性能良好的話，說不定連無法想像的遠方都能到達。

同樣地，只要我們滿足心智需求，或許也能達到難以想像的境界。本章中，我們將會探討如何滿足這些潛在可能性的心智需求。

**一般而言，有價值的事物都不易學會。不過，也正因為如此，學會之後才會產生高度的價值。**舉例來說，要學會花式溜冰的一周半跳是非常困難的一件事，但正因為如此，學會那一刻的喜悅是無與倫比的，也能獲得最高的評價。

●付出的努力與得到的回報成比例增加

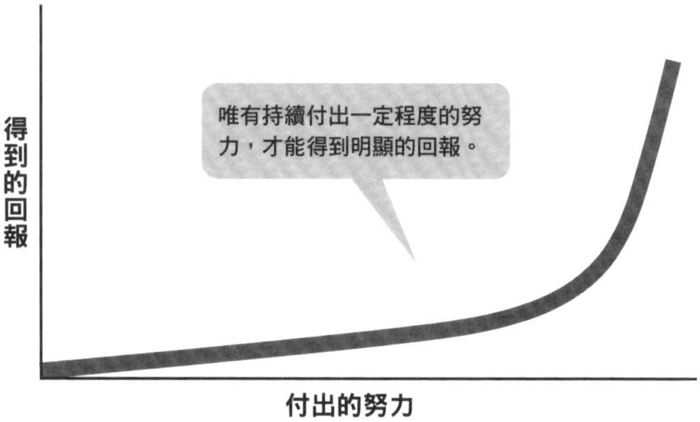
得到的回報
唯有持續付出一定程度的努力，才能得到明顯的回報。
付出的努力

上圖為付出的努力與得到的回報之間的關係圖。一開始，付出很多努力卻得到很少的回報，但到了某一點之後，得到的回報就會開始大幅增加。可能有不少人因為一開始得到的回報太少而感到厭煩和受挫。他們不相信只要再堅持忍耐一下，就能獲得巨大的回報，所以才會放棄。

然而，**簡單的事情無論再怎麼做，得到的回報都不會增加。**

看綜藝節目或許是一種不錯的消遣，但這不需要付出任何努力，也幾乎不會帶來任何回報（除非想成為綜藝節目的評論家，那就另當別論）。也就是說，童年時期觀看綜藝節目所獲得的快樂程度，會一直保持在相同水平。小時候觀看綜藝節目的樂趣是一，到了三十歲還是一，到了五十歲仍是一。

相較之下，大人學習法則是愈做愈覺得樂趣無窮。即使小時候只能體會到一的樂趣，但如果持續下去的話，得到的樂趣就有可能變成二、四、十六，而且還會不斷增加。

從這個角度來看，可以說學習是人生中最棒的娛樂；反而不學習才是在虛度光陰。

# 無論幾歲，大學的大門都會為你敞開

我擁有七個大學學位（五個學士、兩個碩士），其中有五個學位是在四十歲以後才拿到的。具體來說，我畢業於青山學院大學國際政治經濟學系、慶應義塾大學文學系、日本大學法學系、日本大學商學系、倫敦大學哲學系，並且完成英國雪菲爾大學研究所語言學研究科、金澤工業大學研究所工學研究科碩士課程。

除此之外，我也完成了倫敦大學神學系的認證課程。我還曾經以科目等履修生（※譯註：供校外人士在不正式入學的情況下，按照需要選擇課程並取得學分的制度）的身分在上智大學研究所哲學研究科就讀。另外，我也在東京藝術學舍修過足以認定為京都藝術大學學分的科目。

我之所以寫這些並非為了向大家炫耀。畢竟在大學學習這件事本身就沒什麼值得炫耀的，況且《新約聖經》上也寫著：「知識使人自高自大。（中略）若有人以為自己知道什麼，證明他還不知道他該知道的事。」（哥林多前書8：1．2）。由此可知，即使知識累積得再多，也只不過爾爾，沒什麼好值得尊敬的。

我想告訴大家的是，**只要有動力，學問是不分年齡的；如果想學習的話，到大學學習是一個有效的方法。**

不過，也許有很多人會覺得「現在哪來那麼多錢讓我去大學學習」。確實，如果是去學校上課的話，需要一筆不小的費用，對大多數人來說，可能會影響到家裡的經濟。但是，還有一個可以用低廉價格學習的好制度，那就是函授教育課程。如果因為擔心費用問題而一開始就打退堂鼓的人，希望務必考慮一下在有函授課程的大學學習。**即使是函授課程，也可以取得正式學位，何況我從未聽說過有哪所大學會在學術上區分一般課程和函授課程（只有上研究所時，對函授課程畢業的人比較不利的大學）。**

不過，對於不打算認真學習直到取得學位的人來說，也可以選擇以科目等履修生的身分只修一些自己想修的科目，或者參加社會人講座。只要有心想學習，有很多方法可以找到在大學學習的機會。

那麼，具體費用是多少呢？以我本身為例，我也曾有過短時間畢業的經驗，但把教科書費、參考書費和學費等經費都加起來，到畢業為止所花費的總額，慶應義塾大學文學系約四十萬日圓，日本大學法學系和商學系分別約三十萬日圓，倫敦大學哲學系約七十萬日圓。相當於一次國外旅行的費用，就能取得一個大學的學位。而且這些金額也不是一次付清，可以分期付款。如果就讀時間比較長，或者到校學習時需要花交通費和住宿費的話，金額可能還會超出一些，但對於大多數的人來說，還不至於到無法負擔的程度。只要有心，這個金額是完全可以擠出來的，而且還能取得正式的大學學位。

至於大家關心的年齡限制，函授課程大多都沒有設定年齡上限，我在慶應義塾大學、日本大學、倫敦大學也見過不少高齡的學生。三四十歲很普遍，也有五六十歲的學生。大家也不會因為年紀大就覺得不好意思。學習不分年齡，不管你是社會人士、打工族還是退休人士，都可以按照自己的節奏盡情學習，這就是函授課程的好處。

## 設有函授課程的日本全國私立學校

### 私立大學

- 法政大學
- 慶應義塾大學
- 中央大學
- 日本女子大學
- 日本大學
- 玉川大學
- 佛教大學
- 近畿大學
- 明星大學
- 創價大學
- 產業能率大學
- 愛知產業大學
- 京都藝術大學
- 帝京平成大學
- 北海道情報大學
- 大阪藝術大學
- 聖德大學
- 日本福祉大學
- 武藏野美術大學
- 東北福祉大學
- 中部學院大學
- 東京福祉大學
- 奈良大學
- 星槎大學
- 神戶親和女子大學
- 東京未來大學
- 帝京大學
- 姬路大學
- 九州保健福祉大學
- 環太平洋大學
- 早稻田大學
- 大手前大學
- 京都橘大學

### 私立研究所

- 日本大學研究所
- 佛教大學研究所
- 明星大學研究所
- 聖德大學研究所
- 東北福祉大學研究所
- 名古屋學院大學研究所
- 東京福祉大學研究所
- 日本福祉大學研究所
- 京都藝術大學研究所
- 京都產業大學研究所
- 帝京大學研究所
- 九州保健福祉大學研究所
- 帝京平成大學研究所
- 星槎大學研究所

### 私立短期大學

- 大阪藝術大學短期大學部
- 近畿大學短期大學部
- 自由之丘產能短期大學
- 豐岡短期大學
- 聖德大學短期大學部
- 近畿大學九州短期大學
- 愛知產業大學短期大學
- 東京福祉大學短期大學部
- 帝京短期大學

公益財團法人私立大學函授教育協會網站（https://www.uce.or.jp/）

## 與晦澀難懂的教材進行知識過招，將其化為己用

那麼，為什麼在大學學習很有幫助呢？**最大的理由在於可以讓我們有系統地廣泛學習特定的學問領域**（**例如：文學系是文學，經濟系是經濟學，法學系是法學**）。「有系統」的意思是有一定的順序，例如：先從學習基本科目開始，之後再學習更專業的科目，或者必須先學會一些必修科目。而且有指定的教材和參考書目，比起自己胡亂摸索要事半功倍。

另一方面，如果是完全自學的話，可能會對自己不感興趣的科目敷衍了事，或者在不理解基本概念的情況下就開始學習更高深的專業科目，導致學習效率欠佳。既沒有指定的教材，也沒有參考書目，只能根據自己的興趣去找書來看。因為沒有完整的課程計畫，自然很難接觸到比較專業的書。

但如果是在大學學習的話，就能按照課程計畫來學習，學習效果比較好。儘管必須閱讀

自己不感興趣的教材似乎很麻煩，但我認為這種有系統的學習，對於培養廣闊的視野非常重要。

如果不是在大學學習，而是單純以通過檢定考試為目標而學習，例如，參加法律相關證照的考試（住宅建築師、社會保險勞務士、智慧財產管理技能士等）時，只要學習通過考試所需的內容就好。若想以最快的速度通過考試的話，只專注在這些內容上也會比較有效率。

但是這樣的話，就沒有動力去學習刑法、刑事訴訟法、憲法等法學的基本科目了。如此一來便無法看見法律的全貌。而如果要從大學法律系畢業的話，這些基本的法律科目都是必修科目，不管願不願意都得學會，所以在學習這些科目的過程中，就能將法律的全貌一覽無遺。這就是我推薦在大學學習的原因。

我還想要強調一點，**大學使用的教材並非以大量銷售為目的，而是「以傳播（各領域的）真理為目的而製作的書籍」**。例如：大學函授課程的教材一定會發給每位學生，但不會流通到一般人手上，所以無論撰寫什麼樣的教材，發行量都不會有多大差別。因此，編輯團隊根本不在乎「賣不賣得出去」，只是一心一意地想寫出具有高度學術價值的教材。函授課程的教材大多是「讀了兩頁就讓人頭痛」的晦澀難懂內容，因為它不像市面上充斥的大眾書籍一樣，考慮到艱澀的理論只有少數人可以理解，所以盡量寫成任何人都看得懂的簡單內容。無論翻開哪一本教材，都能看出與一般人看的書有著明顯的差異。

然而，與這種晦澀難懂的教材進行知識過招，比起一般人根據興趣隨意閱讀的書籍所累積的零碎知識，兩者有著截然不同的價值。這些歷經數十年的時間考驗、經過數十次修訂而存在的教材，堪稱是到達（各領域的）真理的基石。事實上，我透過函授課程學習的許多教材，都在求學時期被我畫滿了紅線，即使畢業之後，我還是會反覆翻閱。這些知識已然化為我身體裡的血肉。

另外，大學指定的參考書目，也是因為其學術價值得到認可才會成為參考書目。這些書籍多半不會擺在一般的書店裡販售，即使有也不是隨手拿來就看得懂的。舉例來說，我在慶應義塾大學文學系的函授課程學習時，就曾閱讀過許多古典名著，譬如柏拉圖的《理想國》、亞里斯多德的《尼各馬科倫理學》、康德的《道德形上學原理》、《純粹理性批判》、斯賓諾莎的《倫理學》、笛卡兒的《沉思集》等等，這些古典名著並非能夠輕易閱讀的書，若非是大學指定的參考書目，我恐怕也不會主動買來閱讀。即使在某個契機買了這些書，我一定也會讀到一半就束之高閣，因為讀起來實在艱深晦澀。

然而，經過反覆閱讀這些優秀的古典名著，才讓我理解其中有價值的思想，這對我的人生來說是一個不可多得的知識體驗。**我推薦在大學學習的理由之一，就是能夠接觸到這些艱澀難懂卻被公認為具有學術價值的古典名著，並有機會與它們進行知識上的過招。**

大學要求的不是單純的閱讀，而需深入理解書中內容。因為有著必須通過考試才能取得學分的制度，所以不得不深入理解，這也可以說是大學教育才有的特色。

再者，透過大學函授課程學習的期間，還能獲得許多附加收穫。除卻獲得專業知識這個主要目的，學習過程中也能提升文章閱讀能力和寫作能力。函授課程以報告和中論題考試為主，所以在畢業之前必須撰寫大量的文章。加上和一般課程要求的報告不同，提交的報告都會遭到修改後退回，倘若報告沒有達到及格標準的話，還需要修改無數次，完全沒有調整成績之類的餘地。因此，閱讀能力和寫作能力無疑都會得到磨礪。

不僅如此，自我管理能力、自制心、專注力等能力也必然會增強。沒有做過自我鍛鍊的人，即使設定了目標，只要遇到小小的障礙，也會立刻放棄。但**如果為了突破「大學函授課程要讀完」這個難關而不斷努力的話，在這個過程中就會培養出執行力（達成自己所設定的目標的能力）**。這種能力乍看之下似乎和賺錢沒有直接關聯，也不會獲得周圍的人的好評，但這無疑是一種非常寶貴的能力。

## 用由淺入深的學習法學習

大學函授課程的教材往往晦澀難懂，指定的參考書籍和參考文獻也是如此，所以有很多人會因為看不懂而中途放棄。我也曾有好幾次出現放棄的念頭。然而，決定在這裡取得學位的不是別人，正是我自己。自己違背自己決定的事情實在太荒謬了——於是我絞盡腦汁想辦法一直堅持到取得學位，結果便創造出「由淺入深」的學習法。

**由淺入深學習法，顧名思義，就是先從簡單的部分開始學習，等到理解程度加深後，再轉而學習困難的部分。**

假設有項作業是閱讀指定的英語小說，並寫出讀後感。這時，我會先確認這本小說有沒有被改編成電影。如果運氣好被拍成電影，我就先從電影開始看起，以瞭解故事內容。接著，確認是否有翻譯版本，如果有的話就買來閱讀，進一步加深理解。最後才開始閱讀指定的小說，完成這項作業。

由淺入深學習法雖說是根據我的經驗，但幾乎任何學問領域都能應用。我剛開始在倫敦大學神學院學習的時候，完全不具備任何關於《聖經》的知識，要我一下子讀完倫敦大學指定的專業書籍，實在力不從心。因此，我先去閱讀漫畫版的《聖經》，然後觀賞改編成電影的《聖經》DVD，再去看適合初學者的《聖經》解說書，聽朗讀《聖經》的錄音帶……就這樣累積背景知識，等到建立起一定的自信後，才轉向專業書籍。結果，當初覺得像天書一樣完全看不懂的專業書籍，頓時變得有趣得不得了。

在網路上搜尋的話，或許可以找到適合初學者的優質影片，如果想要快速瞭解概要，也可以利用維基百科（不過，必須注意別輕信裡面提供的資訊，為了區分內容是否值得信賴，頁面的右上角會標註綠色星號來表示優良條目，更高級的典範條目則會標註金色星號。）

**如果不幸遇到困難到想讓人放棄的教材，不妨先試著尋找自己比較看得懂的簡單教材。漫畫、文摘、影片、電影、翻譯書等等，能利用的就充分利用，堅持到最後吧！**

## 令人欣喜的良性循環「serendipity」

英語中的「serendipity」意為「意外發現」，有時會被翻譯成「偶然發現寶物的才能」或「善於挖掘」，但其實這是帶有**「雖然沒有達成原本的目標，但因為一直朝這個目標努力，而開闢出另一條新的道路」**含意的單字。

我就曾多次經歷過這種意外發現，讓我舉個例子吧。我在四十三歲的時候決定報考東京大學研究所哲學研究科。東大的入學考試需要考五個科目，但東大研究所的入學考試只考英語、第二外語和哲學三個科目，所以我覺得自己有考上的機會，於是拚命地讀書來準備考試。一個中年男人為了考試，放棄過聖誕節和新年假期，每天花十個小時以上埋頭苦讀，各位能想像嗎？

可惜結果沒有考上。放榜那天，我確認了好幾次公告欄，一直找不到我的准考證號碼。

因為我很有信心能夠考上，所以受到很大的打擊。幾分鐘後，我像洩了氣的皮球一樣走進附近一家咖啡廳，對這個完全出乎意料的結果感到茫然。

不過第二天我便立刻振作起來，決定進入上智大學研究所哲學研究科就讀，我馬上提出申請，也順利通過了。就這樣，我在同年的春季學期，於上智大學的研究所繼續學習哲學。我打算隔年再次挑戰東京大學研究所的入學考試。不過，後來我又重新考慮是否非得進入東大研究所就讀這件事，最終決定改變方向，報名倫敦大學哲學系的遠距教學課程。

後來，我在同年秋季進入倫敦大學就讀，三年後順利畢業。事後回想起來，我之所以能開闢出從倫敦大學哲學系畢業這條新的道路，正是因為我為了考上東京大學研究所而拚命地學習哲學。要不是我為了考上研究所而拚命學習哲學，恐怕也不會產生去倫敦大學讀書的想法，搞不好在倫敦大學也會因為知識不足而在學習的道路上受挫。換言之，**我為了考上東京大學研究所而拚命學習哲學的成果，體現在了倫敦大學上，讓我得以順利畢業。**

換個角度想，即使我考上東大研究所，也很有可能因為學費無法支應到我取得碩士學位，或者因為寫不出足以通過審查的碩士論文而中途退學。這麼一想，東大研究所對我來說其實有著很高的退學風險。以我的立場來看，「從倫敦大學哲學系畢業」這個選擇，比起「從東大研究所退學」要好上一大截。這正是令人欣喜的良性循環。

有時候，**我們為了某個目標而努力，即使沒有達成，也會因為努力的過程中累積的實力而為我們開闢出另一條新的道路**。意外發現的意義就在於此。我之所以會從努力這件事本身中發現價值，就是因為這個原因。

但是，這並不是說只要埋頭拚命努力就好。有一件事情在努力的時候必須特別注意，那就是不要對目標太過執著。

如果太執著於目標的話，當目標無法達成時，很容易像洩了氣的皮球一樣一蹶不振。這種情況在運動員身上尤其明顯。從小就一心一意地專注在棒球或足球這條路上，下定決心一定要成為一流的職業選手，但當領悟到無法實現成為一流選手這個目標的瞬間，其衝擊恐怕是難以承受的。在這種時候，人很容易就此一敗塗地。

這裡我是以運動員為例，但不只是運動員，凡是對目標過於執著的人，都應該考慮一下沒有達成目標的話該怎麼辦。或許有些人不願去想失敗時的事情，有些人可能對成功有絕對的自信，也有人會一直堅持到成功為止，這股幹勁確實令人讚賞。然而，世上所有的事情未必只要努力就會得到好的結果。這個世界上有時會發生只能用「命運的惡作劇」來形容的事情。

正因為如此，我們也要考慮一下事情不如預期時該怎麼辦。有時改變方向也會開啟通往意外發現的道路。為了不讓努力白費，保持彈性思考是很重要的一件事。

## 每日埋首苦讀十小時的十年

本節我想談談自己埋首苦讀十年的心路歷程，以及根據這個經驗想傳達給大家的訣竅。

四十一歲的某一天，身為出版翻譯家的我感覺自己遇到了瓶頸，於是下定決心向金澤工業大學研究所遞交入學申請書。該研究所的東京衛星校區離我家很近，從家裡騎腳踏車就能到達，而且只要一年就能取得IT相關的碩士學位，這一點很吸引我。

我本身具備若干IT方面的知識，所以尚能勉強通過研究所考試，但對於我這個沒有程式設計基礎的文組生來說，跟上課程有著難以想像的難度。因此，為了提高對課程的理解，我一邊上研究所，一邊去IT學校上課，或請家教來補習專業知識。為了提升學習動力，我也試著挑戰去考IT相關的證照。就這樣，一年三百六十五天，我每天都花了大約十小時的時間在學習上。當初完全沒料到會如此發展，但是我不想中途退學，所以每天都在拚命學習，最後才順利地取得碩士學位。當時，我的寫作工作幾乎處於停頓狀態。

就在這時，我突然想起慶應義塾大學的函授課程。當我得知學費很便宜，而且可以在家上課時，我二話不說便立刻報名，錄取後的隔年四月就入學了。

但是入學之後，等待我的卻是更加辛苦的日子。我以為可以按照自己的節奏學習，沒想到每一種教材都難以理解，寫報告也沒那麼簡單，問題一籮筐。定期考試總是考得不太順利，有些科目甚至還要補考三四次才能通過。就這樣，我在這所大學也不得不每天花十個小時學習。

在這所大學鑽研哲學、心理學、文學等學問後，世俗的成功已經不再對我有吸引力，反而讓我更熱衷於接近學問的真理。就這樣，**我被追求真理的魅力所吸引，一心一意地專注於追求學問**。

我對學問的渴望就這樣變得永無止境，隨後我又在日本大學學習法學和商學，於倫敦大學學習哲學和神學，還在東京藝術學舍選修藝術學的科目；約莫十年的時間裡，我每天不辭勞苦地投入十小時在學習上。

我所走過的這十年，一定和大多數人的生活有著天壤之別。因為撇開吃飯、洗澡、睡覺等生活上必要的時間，「每天十小時」等同於幾乎所有時間都花在學習上，對於有工作、有家庭的社會人士來說，這一點也不切實際。不過，我可以根據自身的經驗教社會人士兩個訣竅。

第一，**如果是學習與自己所學有高度相關性的領域，你會驚訝地發現比料想中更易於掌握，學習兩個領域會產生加乘作用，加深對原本學習領域的理解。**例如：哲學與神學、哲學與語言學、哲學與心理學、經濟學與商學、商學與管理學、政治學與經濟學、政治學與社會學、工學與理學等，這些都屬於高度相關性的領域。

當開始學習新的學問領域時，你會發現一些從未見過的東西，也會深化對原本瞭解領域的理解。一加一未必就等於二，也有可能是三、四甚至是五，或許還會產生一些嶄新的創意。今後想要嘗試學習新領域的人，不妨將這個作為選擇領域時的指引。

其次，**如果正在學習的領域有相關證照，也可以試著挑戰，這樣就能順利地取得證照。**

以我自己為例，我在金澤工業大學攻讀研究所的時候，就曾挑戰去考IT相關的證照，這讓我對課程的理解愈發深刻；我在日本大學法學系就讀的時候，課堂上學到的知識也幫助我取得法律相關的證照。此外，在日本大學商學系就讀時，我也挑戰去考簿記檢定和管理學檢定，這些都對我加深商學的知識很有幫助。

儘管也有一些像哲學或神學這類沒有（或幾乎沒有）相關證照的領域，但如果試著尋找自己學習領域的相關證照的話，說不定會有意外發現。可以輕易地在網路上查到，所以請務必試著找看看。

無論你現在學習的是什麼領域，若能找到相關證照的話，不妨試著挑戰一下。換個角度想，這也可以說是挑戰自我的絕佳時機。

## 抄寫名言佳句的好處

大人學習法的關鍵之一在於磨練心智。為此，相對輕鬆的方式之一就是閱讀名著。由此再進一步，我更想推薦給大家的方法就是抄寫名言佳句。**不僅僅是閱讀，還要用手抄下來，這樣寫過的內容就會深深地印在腦海裡。**

我從二十歲左右開始就養成一種習慣，當我讀書看到名言佳句的時候，我便會在上面畫紅線，然後將其抄錄於十六開大小的橫線筆記本中。我如此行之近四十年，至今已累積數十冊筆記。這些經驗讓我體會到，閱讀名著雖然有助於磨練心智，但如果把自己感觸頗深的名言佳句抄寫下來，效果將會增加數倍、甚至數十倍。

閱讀名著固然會深受感動，但如果只是讀過，將難以體會滲透到身體裡的感覺。即使難得看到名言佳句，也很難將其化為自己的血肉。有時候甚至過幾天就忘得一乾二淨了。有句俗語說「只會讀死書而不知變通」，如果只是讀過就算了，那麼即便腦袋知道這些，也無法付諸實踐。但如果能把名言佳句抄下來的話，便可實際感受到它變成自己的一部分。

雖然我如此大力推薦抄寫名言佳句的好處，恐怕仍有很多人無法產生共鳴吧。因此，我還想介紹一下抄寫名言佳句的另一項附帶好處。

**抄寫名言佳句時，只要用心地仔細抄寫，就能順便當成寫字練習，也能藉此記住漢字。此外，如果抄寫的是外語的名言佳句，也可以視為記住拼字的絕佳時機。**

如今能夠把文字寫得正確優美的人不多，這樣的人總是會受到尊敬。把抄寫視為練習寫字的難得機會，不但可以記住漢字和拼寫，亦可當成用心書寫的練習，對寫作修養也有幫助。只需將名言佳句抄下來，自然就能提升寫作能力，所以當遇到名言佳句時，如果只看過就算了的話，豈不是太可惜了嗎？

# 第 6 章

# 培養一生受用的語言能力！

【外語學習法】

## 身在日本也能有效率地學習外語的好機會

這裡再請大家回想一下客船的例子。對我們來說，學習外國語言可以說是客船上文化和娛樂的一部分。

每天吃的都是日本料理，看的電影全是日本電影，聽的音樂全是日本音樂，這樣也能享受人生；但如果偶爾能品嘗異國美食、欣賞西洋電影、聆聽西洋音樂的話，應該會有不一樣的感動……**學習外語就會給人生增添這樣的色彩。只要透過大人學習法，即使是學生時代不擅長英語的人，也完全有可能重新開始。**

除了英語之外，我還學習法語、德語、西班牙語、義大利語和中文。我只是因為喜歡這個簡單的理由就深陷其中，一直持續下去罷了。由於和賺錢毫無關係，隨時都可以放棄，也不會因為放棄而有什麼困擾。儘管如此，我依然堅持了下來，這自然讓我培養出不受金錢左右的個性。

我無意建議那些對外語不感興趣的人去學習外語。日本是一座四面環海的島國，在這個地理條件不變的情況下，無論人們如何高聲呼籲國際化時代已然來臨，大部分的日本人也不會因為不懂外語而感到生活上有什麼不便；況且除了學習外語之外，還有很多有趣和美好的事情（對外語不感興趣的人不妨跳過這一章）。

但從現狀來看，有非常多對學習外語頗感興趣的人。根據某份女性雜誌的問卷調查，現在正在學習的東西中，排名第一的是英語，第二是英語以外的外語。語言學習佔據了前兩名，這個結果著實令人驚訝。

那麼，我為什麼會說現在正是學習外語的時候呢？

最大的原因是現在學習外語的環境已經十分完善。**即使完全靠自學的方式，只要認真學習閱讀和聽力，一兩年內就能達到英語的高級程度，就算是初次接觸的外語也能達到中級程度；只要達到這種程度，非常美好的世界就會展開在你的眼前。**目前的環境已經完善到不學外語是一件相當可惜的事情（這一點我會在後面詳細說明）。

「付出的努力與得到的回報之間的關係」（↓137頁）在學習外語方面也是一樣的。不管是單字還是文法，剛開始要記住都很困難。想要從中找到樂趣，就像想要享受棒球樂趣的人想在練習揮棒或觸擊中找到樂趣一樣困難。如果沒有達到一定程度的實力，就無法體會到閱讀和聽力的樂趣，這就像永遠不參加比賽、每天都在練習揮棒和觸擊一樣單調乏味。

但是，**只要跨越某個點，就能體會到閱讀和聽力的樂趣，而且這樣的樂趣會像滾雪球一樣快速增加。**用棒球來比喻的話，這就有如從只能練習揮棒和觸擊，變成能夠在比賽中發揮而享受到比賽的樂趣一樣。**如果再繼續努力的話，就能達到毫無障礙地閱讀原著、不用字幕就能聽懂外國電影的台詞、能和母語人士自由對話的程度，從中得到更大的樂趣。**這就像是在九局下半擊出反敗為勝的全壘打、帶領球隊贏得勝利的喜悅，比起揮棒或觸擊練習中發現的喜悅要深刻好幾百倍。閱讀原版外語名著時的喜悅，可以說不亞於擊出逆轉全壘打時的喜悅。一旦品嘗到那種感動，就一定會迷上學習外語。

學習英語的樂趣不僅於此。英語是全球官方使用人數最多的國際語言，只要學會英語，閱讀的書籍數量、觀看的影片和電影數量都將爆炸性地成長。而且，掌握了一定程度的英語之後，再去學習類似的語言（例如德語），就會變得非常容易。

我主張現在正是學習外語絕佳時機的理由不光如此。IT革命讓學習外語比以前輕鬆許多。反過來說，**學習外語所付出的辛勞大幅減少。**這是三十年前無法想像的變化。

回想三十年前，學習外語需要付出極大的努力。與現在最大的不同是沒有電子字典。但現在除了英語之外，法語、德語、義大利語、西班牙語、中文、韓語等語言的電子字典都能輕易地買到。用一般字典查詢就需要花一定的時間了，三十年前如果在一般字典查不到，還必須查詢大辭典。

另外，即使是字典上沒有的單字，只要在網路上搜尋，幾乎都能找到。影片串流服務的出現具有劃時代的意義，如今在家裡就能用便宜的價格隨意觀看外國電影，YouTube上也有各式各樣的語言學習頻道，我們應該善加利用這些資源。

## 只要學會外語，原本單調的世界就會變得繽紛起來

如今學習外語已經變得愈來愈容易了，那麼學習外語最大的魅力究竟是什麼呢？評論家船橋洋一就這一點做出以下評論：「用母語以外的語言來思考事情，等於把更熱鬧、更充滿張力的思想戲劇帶入自己的內心世界。」

此外，學習過一百多種語言的作家井上孝夫先生則說：「我想更直接地接觸世界，而實現這個願望的唯一方法，就是學習各國的語言，直接投入那些國家人民的精神懷抱中，我相信除了聽到人們的『真實聲音』以外別無他法。」

我非常能夠理解他們的論點，你是否也有同感呢？對於無法感同身受的人，我想以自己的方式，更淺顯易懂地說明學習外語的魅力。

和外國人交談很有趣，出國旅遊變得很愉快；不用說，這些直接接觸外國人所獲得的樂

趣非常吸引人。

不過，對於幾乎沒有機會接觸外國人的日本人來說，當感受到閱讀和聽力的魅力時，學習外語也可以變得非常有吸引力。企業家成毛真先生曾說：「日本翻譯家的水準普遍都很高，所以習慣閱讀日語的日本人沒有必要特意去讀原文書。」可是原文書真的是「沒有必要特意去讀」的東西嗎？對於我這個曾經因為閱讀原文書而感動得像觸電一般的人來說，這句話根本是胡說八道。

**若要打個比方，讀原文書的魅力就像是可以隨心所欲選擇看黑白還是彩色電影一樣，而且可以觀看的電影數量會增加到數十倍。**經過翻譯的書，難免會刪減掉無法翻譯出來的細節，所以讀原著的人更能有深刻的感動。

同一部電影，只能看黑白的，和可以自由選擇黑白或彩色，你覺得哪個比較好呢？對於這個問題，我想應該沒有人會回答「只看黑白就夠了」吧。因為在懂得色彩之美的人看來，只能看黑白電影實在太無趣了。這正是學習外語的魅力所在。

# 閱讀原著能讓思路清晰、提升智力

我個人認為閱讀原著的好處可以歸納為以下三點：

**①可以直接理解翻譯難以表達的概念**

我到目前為止出版了大約三十本譯作。

根據我的經驗，有些概念實在很難翻譯成日語。但是，無論多麼難以翻譯的概念，一旦要出版成翻譯書，就必須想辦法翻譯成日語。

話雖如此，要將日語中原本就不存在的概念，以不失其原意的方式翻譯出來，根本是不可能的任務。這就像黑白電影一樣，不管怎麼努力，也無法用黑白來表現出紅色、綠色或藍色。所以費了九牛二虎之力，最後仍不得不加上譯註來完成譯文。不用說，對於日語中沒有的概念，直接用外語來理解更容易。

## ②能閱讀沒有被翻譯成日語的書

不難想像，還有很多優秀的書籍沒有被翻譯成日語。事實上，被翻譯出版的書只佔了一小部分。

而且，比起是否為好書，大多數的出版社更傾向於先出版那些看似能賣得不錯的書。優秀且暢銷的書籍可以說是出版社最理想的選擇，但是優秀未必等同於暢銷，這就是世上還有一大堆沒有被翻譯的優秀書籍的原因。如果能看懂原著的話，就能讀到那些遭到埋沒的優秀書籍，這就是學習外語的好處之一。

事實上，我在上倫敦大學的遠距教學時，發現很多專業書籍都沒有日語譯本。可能是因為會虧本，所以沒有出版社願意做吧。但知道那些讓我深受感動的書沒有被翻譯出來，我就覺得實在非常可惜。與此同時，我反而深深體會到能夠用英語閱讀專業書籍的可貴。

不單是書籍，也有許多雜誌和報紙沒有日語版本，更不用說現在有無數的外國網站。其中大部分都沒有日語版本，所以能夠看懂外語的好處其實不勝枚舉。

## ③透過閱讀外語的刺激來提升智力

渡部昇一先生曾說：「若要正確理解用不同語言寫成的具有內涵的文章脈絡，需要極高的智力。反過來說，持續這樣的工作能夠顯著地提升智力。」也有多項研究結果證實這個論點。

例如：根據賓夕法尼亞州立大學李平教授的研究，學習外語能在結構和功能上強化學習者的大腦網絡，提升大腦的靈活性和效率。另外，義大利語學習終身研究中心的創辦人安東內拉．貝科妮女士也主張：「學習困難的外語，未來大腦比較不容易罹患阿茲海默症或失智症等腦部功能退化的疾病。」據說也有相關的研究結果證實了這個說法。

對日本人來說，閱讀日語書籍固然有一定的價值，卻無法進行透過不同於母語的外語來看待事物的智力訓練。使用外語閱讀，不僅可以享受讀書的樂趣，還能進行智力訓練，甚至用來預防失智症，從這些地方來看，可以說學習外語具有超越實際利益的魅力。

# 首先鍛鍊閱讀和聽力

英語的技能可以大致分為聽說讀寫這四種。其中有很多人都希望自己能夠說一口流利的英語。根據調查，想要學會的英語能力中，第一名「日常英語會話」遙遙領先。然而，就算說得一口好英語，如果不清楚自己到底想和誰說什麼內容，也很難保持學習動力。

如果有具體的理由想要學會說英語，例如：想當翻譯、想留學、想轉職到外商公司等，那麼保持學習動力想必就會輕鬆得多（雖然這也不是件容易的事）。

然而，若只是抱著「想在出國旅行的時候暢所欲言」或「會說英語很酷」這樣的模糊想法而開始練習英語會話，而無法保持學習動力，就很難堅持下去。事實上，根據我的觀察，把說一口流利的英語當作學習目標的人，幾乎都會半途而廢。

會出現這樣的結果也不足為奇，因為平常本來就沒什麼機會和外國人交談或出國旅行，所以學習動力自然遲早會下降。我雖然住在市中心，但在日常生活中，需要用英語交談的機會一年連一次都不到，而且也只是被問路等約一分鐘的簡短對話罷了。連市中心都是如此，更別提沒什麼外國人的郊外，用英語交談的機會想必會更少。

若想保持說一口流利英語的學習動力，其實也不是沒有辦法。可以加入英語會話社團、報名英語會話學校、參加演講比賽、擔任翻譯志工、結交外國朋友或伴侶等。何況掌握英語會話能力本就是一件令人愉快之事。所以，如果能保持學習動力的話，便可持續提升英語會話能力。

不過，有一種方法比流利交談更容易保持學習動力、更讓人愉快，而且還能幫助自己成長。我將其命名為「接收能力強化論」，希望能推廣給大家。簡單來說，就是著重於強化「接收能力」（閱讀和聽力）。我推崇這種方法的原因，是因為**閱讀和聽力的能力可以透過自學來鍛鍊，而且鍛鍊得愈多，就愈能享受更多的樂趣**。

仔細想想，以前的年代可沒有像現在這樣到處都是學習資源。事實上，只要利用網路，就能輕鬆地從國外訂購原文書，也可以隨心所欲地欣賞國外的電影和影片，還能觀看提升素養的優質節目，樂趣無限擴大。

話說回來，為什麼接收能力強化論可以讓人保持學習動力呢？因為**愈瞭解閱讀和聽力的樂趣，得到的收穫就愈豐富，而且不需要依賴他人，一個人就能自在地享受。**

以閱讀來說，用英語撰寫的書籍比用日語撰寫的書籍多出好幾十倍，網路上的大部分資訊也是用英語撰寫的。因此，只要看得懂英語，能夠閱讀的文章數量就會爆炸性地增加。原本只能讀日本人用日語寫的內容，一旦看得懂英語，就能閱讀美國、英國、澳洲、紐西蘭等英語圈的作者所寫的東西。

以聽力來說，有比閱讀更多的資源。我常用的工具是Netflix，只需透過網路，就能以每月九百九十日圓（二〇二一年冬天的定價）的價格盡情觀賞國外的電影和影片。

# 「會英語」要會到什麼程度？

日本人是謙虛的民族，即便國中和高中合起來共學了六年英語（大學畢業的人是十年），當被問到「會不會英語」的時候，多數人仍會回答「不會」或者「只會一些」。究竟會到什麼程度才算是「會英語」呢？難道非得精通聽說讀寫，才能說自己會英語嗎？

關於這一點，**我認為只要掌握聽說讀寫中的一到三種，就可以說自己會英語了。更何況，我認為「（閱讀方面）會英語」的日本人其實不在少數。**一提到英語，人們往往會把重點擺在會話，但如果不會說英語就不算會英語的話，我認為這也未免太過短視了。

我來解釋一下自己為什麼會這麼認為吧。我在倫敦大學哲學系就讀時，只需發揮閱讀和寫作能力，用不到會話和聽力的能力。換言之，即便欠缺會話和聽力，也可以取得倫敦大學的學位，只要取得學位，就可以抬頭挺胸地說自己「（在閱讀和寫作方面）會英語」，應該沒有人會對這點提出質疑（但入學時必須提交雅思等成績，所以也不能說完全不需要會話能力）。

再者，即使是商務人士使用英語，尤其在近年來，大多數情況下只要能用電子郵件溝通就夠了，只有少數人需要具備會話能力。假如在職場上只需用電子郵件即可完成商業行為的話，也可以說自己「（在閱讀和寫作方面）會英語」。

綜上所述，只需掌握一到三種英語技能，就可以說自己「（在閱讀方面）會英語」、「（在閱讀和寫作方面）會英語」或者「（在閱讀、寫作、聽力方面）會英語」。平時鮮少有機會與外國人接觸的日本人，會話能力欠佳也是情有可原，而且不需要會話能力的人遠遠多於需要的人，所以沒必要精通聽說讀寫，只要按照自己的需求鍛鍊所需的技能即可。

# 愉快且立竿見影的學習方法

若將英語學習按照「愉快或痛苦」和「是否有立竿見影的效果」為標準大致分類，可以分成四個領域。

A領域是「愉快但沒有立竿見影效果」的領域，採用這種學習方法，提升實力的速度較為緩慢。雖然只能停在半吊子的英語程度，但若能享受學習過程，就沒必要放棄。

B領域是「愉快且具有立竿見影效果」的領域，只要能堅持下去，便會愛上英語，實力亦會隨之提升。此外，我還自創了一種名為「寫英」的方法，這個方法很簡單，就是將英文書中令人感動的一句話抄在筆記本上。

C領域是「痛苦且沒有立竿見影效果」的領域，這種方法既痛苦也沒有效果，所以不建議單靠這種方式學習。

●英語學習矩陣

## A領域

### 愉快但沒有立竿見影效果

- 和母語人士的朋友自由對話
- 去電影院或用DVD欣賞外國電影
- 出國旅行
- 在英語會話咖啡廳自由對話
- 參加只有日本人的英語會話團體
- 閱讀英語的雜學類書籍
- 欣賞英文歌曲

## B領域

### 愉快且具有立竿見影效果

- 與母語人士進行一對一授課
- 跟讀訓練（聽完聲音後立即複述一遍）
- 寫英（抄寫英文）
- 閱讀感興趣的英文雜誌和書籍
- 聆聽內容感興趣的英文CD
- 利用英語百科全書增加詞彙量

## C領域

### 痛苦且沒有立竿見影效果

- （以提升語言能力為目的）寫英文日記
- （以提升語言能力為目的）與外國人書信往來

## D領域

### 痛苦但具有立竿見影效果

- 用單字卡增加詞彙量
- 聽英語學習CD
- 仔細閱讀英文報紙
- 做考試題庫
- 參加英語函授教育
- 參加各種英檢補習班
- 閱讀英語學習參考書

以B領域為主，偶爾加入A領域，在心情愉快的情況下持續學習，同時搭配D領域，有效率地提升實力，建議採取這樣的學習方式。

D領域是「痛苦但具有立竿見影效果」的領域，是多數日本人為了應付入學考試或各種英語檢定考試而採用的學習方法。這種方法確實能夠提升分數，但因為原本就不是基於興趣而學習，所以一旦達到成績提升或通過檢定這類目標，多半就會停下腳步。

覺得學習英語很無趣的人，可能只在C領域或D領域接觸過英語，持續這樣的學習方式只會感到苦不堪言，無法體會學習英語的樂趣。

我推薦的是B領域的學習法，但若想提升實力的話，最理想的是搭配D領域的方法一起學習。D領域的學習方法因為枯燥乏味，所以需要堅強的意志力，偶爾可以適度地加入A領域來轉換一下心情，如此比較容易持續下去。

總之，**以B領域為主體，偶爾為了享受樂趣而加入A領域，並結合D領域來有效地提升實力，這就是我推薦的學習方式。**

## 透過世界頂尖大學的遠距教學學習

大規模開放式線上課程ＭＯＯＣ是由世界頂尖大學提供的線上學習平台，這個網路服務可以讓我們免費參加世界一流大學的課程。從二〇一二年開始，至今已有來自全球約九百五十所大學、發布超過十六萬堂的課程。

Coursera是ＭＯＯＣ的其中之一，為史丹佛大學的教授所創建的服務。每堂課約十分鐘左右，約四到六週就能上完。有很多免費觀看的課程可以選擇（事實上，我自己也免費上完愛丁堡大學、維吉尼亞大學、加利福尼亞大學、埃默里大學等名校的課程），也有一些需要付費才能取得大學學位的課程。在Google上輸入「coursera」進行搜尋就能找到，也可以輸入下面的網址：https://ja.coursera.org/

內容**涵蓋了商業、電腦科學、語言、物理學、心理學、哲學、建築學等多個領域，我們**

**可以透過英語、法語、德語等世界各種語言來觀看各種學科的課程。**除了可以讓樂趣無限延伸，更可以提升自我，能夠鍛鍊外語的閱讀和聽力技能，好處不勝枚舉。這正是我想提倡接收能力強化論的原因所在。

另外，英語系國家大學的遠距教學很適合那些身在日本卻想穩定提升英語能力的人。特別推薦給已經通過各種英語檢定考試、卻缺乏動力或遇到瓶頸者。**透過英語學習專業科目，不僅可以學到專業知識，還能獲得維持和提升英語能力的附加效果。**

雖然英語系國家大學的遠距教學似乎門檻很高，但我就讀的倫敦大學的遠距教學卻正好相反，交通和費用的負擔相對輕鬆，挑戰起來比較容易。倫敦大學有不少從入學審查到畢業，都能在日本國內完成的系所。

此外，大部分的科目都是以一年一次的期末考來打成績，因此可以自由地安排一年的學習時間。沒有固定上課，也沒有報告，受到時間限制的只有期末考的考試時段。另一個優點是學費相對便宜。根據選修科目的數量，一年的總費用約為十萬到二十萬日圓（不包括教科書和參考書）。有些學系最快三年就能畢業，甚至也有最快一到兩年就能完成課程的學系，即使是一年修完的課程也能拿到結業證書（certificate或diploma），因此完成時也能得到相應的成就感。每年選修的科目可以自由設定，可以從一個科目開始上課，相當彈性。就算只上一門課，也會被視為正式學生，只要累積足夠的學分就可以畢業（或結業）。

倫敦大學遠距教學的最大優點就是可以學到專業知識。**因為是按照課程計畫進行學習，可以有效率地加深知識。**

另外，遠距教學對專業知識的要求高於英語技能本身，因此必須熟讀教材，將專業知識牢記在心；即使不願意，精讀能力也能得到鍛鍊。而且還會不斷地發現必讀和想讀的書，可以盡情地滿足我們的求知慾。

只要順利畢業，還能拿到倫敦大學這個權威大學的畢業證書。堅持到畢業不僅能帶給自己極大自信，也會成為自己之後提升學習程度的實力證明，收穫可說是無法估量。

◎倫敦大學官網：https://london.ac.uk

## 透過多益進一步鍛鍊接收能力

我有時會在圖書館或咖啡廳看到拚命做多益題庫的上班族，看來多益在企業的升遷考試中似乎相當重要。儘管有不少語言部落格經常發布如何準備多益考試的文章，但似乎提高分數才是他們最關心的事情。

多益是專門針對閱讀和聽力的考試，所以如果能利用英語閱讀能力的學習成果來閱讀英語名著，應該可以進一步提升英語能力。然而，這些人一旦通過考試或達到目標分數，就很可能立刻放棄學習。因為如果只是以通過考試或提高分數為目標，那麼繼續學習下去就沒有意義了。

相反地，我也見過不少挑戰好幾次都沒有達到目標分數，於是停止學習的人。因為這些人一旦意識到目標無法達成，就會失去動力。

用棒球來比喻的話，為了提高分數而學習只不過是暖身練習而已，並不是真正的比賽。好一點也只是練習比賽。然而，就像棒球的樂趣在於比賽中打球一樣，我認為學習外語的終極目的是接觸真正的外語。而**對日本人來說，接觸外語最簡單的方法就是閱讀原著。**

英語名著、閱讀原文才能享受到樂趣的書、小時候讀過譯本而深受感動的書等等，閱讀這些書的原著，會比只閱讀母語撰寫的書，讓人生豐富好幾倍、甚至數十倍。**能否持續閱讀原文書，取決於是否能夠從中找到樂趣。**

大人學習法原本就是為了豐富人生而打好基礎的方法。因此，我覺得不妨將閱讀原文書當成終極目標，終生持續地閱讀。將閱讀撼動心靈的名著原文書當成自己人生的食糧，不正是學習外語的「Big Why」嗎？

順帶一提，CEFR（歐洲語言共同參考架構）為表示全歐洲外語學習者學習狀況的指標。如果達到B1級的話，可以閱讀的原文書數量就會增加，希望大家都能以B1級以上為目標。

### ●外語學習者的學習狀況指標「CEFR」

| 階段 | 等級 | 說明 |
| --- | --- | --- |
| 精通階段 | C2 | 可以輕鬆理解聽到或讀到的大部分內容，並整合來自各種口語或書面來源的資訊，用連貫的方式重新構建依據和論點。能夠自然流暢且準確地進行表達。 |
| | C1 | 可以理解各種類型的長篇高階內容，並掌握其中的含義。沒有明顯的詞窮狀況發生，能以自然流暢的方式來表達。在社交、學術和專業的目的上，可以靈活且有效率地運用語言。能夠針對複雜的主題寫出清晰明瞭、結構嚴謹、細節詳盡的文章。 |
| 獨立階段 | B2 | 可以理解複雜文章主要內容的抽象或具體的主旨，包括自己專業領域的技術性討論。能夠自然且流暢地與母語人士進行互動，彼此都不會感到緊張。可以針對廣泛的主題寫出清晰詳細的文章。 |
| | B1 | 在使用標準說話方式的情況下，可以理解工作、學校、娛樂這類平常遇到的熟悉話題的主要內容。在使用該語言的地區時，可以應付大部分可能發生的情況。能夠針對身邊或個人感興趣的話題寫出條理清晰的簡單文章。 |
| 初學階段 | A2 | 可以理解最基本的個人和家庭資訊、購物、當地地理、工作等直接相關領域的句子和常用的表達方式。在簡單、日常的範圍內，能夠針對身邊的日常事務，進行簡單而直接的訊息交換。 |
| | A1 | 可以理解並使用常用的日常表達和基本語句來滿足具體的需求。能夠介紹自己或他人，回答或提問關於居住的地方、人際關係、隨身物品等個人資訊。如果對方願意緩慢且清晰地說話，就能進行簡單的交流。 |

達到B1等級後，便能輕鬆地用外語進行溝通，可以閱讀的原文書數量也會大幅增加。

# 忙碌的社會人士如何準備檢定考試

社會人士，尤其是中老年人，做任何事情都有一定的時間限制；但即使再怎麼忙碌，也有可能通過檢定考試。這裡我想介紹一下應該選擇什麼樣的檢定考試和準備方法。

參加檢定考試的時候，大多數人會調查出題傾向，或是做考古題，以達到「合格（或者拿到高分）」為目的，採取「讀死書」的學習方式。

但是，我建議大家不要根據檢定考試的出題傾向去讀死書，而是尋找自己想加強且對提升英語能力有幫助的檢定考試來參加。

換言之，**不是以合格（或者拿到高分）為主要目標來學習，而是把參加檢定考試當成提升自己英語能力的學習動力**。這才是大人學習法的真諦。

例如：若要看得懂名著的原文書或沒有字幕的外國電影，我建議不妨選擇只考閱讀和聽力的多益。如果對英語會話沒有興趣，就沒有必要特地參加有口說的考試。

即使不以提升分數為目的，也可以用讀原文書、看外國電影的方式愉快地持續學習英語。如果分數有所提升，就會有相應的成就感，作為接收能力的閱讀和聽力也必然會提升；就算分數沒有如願提升，因為本來提升分數就不是首要之務，對於忙碌的現代人來說，這也無所謂，沒必要為了分數高低這種小事而影響心情。

忙到連去考場都沒有時間的人，可以參加CASEC來代替多益考試。這個檢定考試可以在家裡短時間內完成，而且考試費用也很合理，還能得知換算成多益大約是幾分。

有些對英語會話很有自信的人會說：「就算多益和CASEC都拿到高分，如果不會說也沒有意義。」但其實我們沒有必要按照別人的標準來思考。如果覺得只要能順利看得懂原文書就好，那麼不會說也完全無所謂，不用感到自卑。

相反地，如果對英語會話感興趣，但對閱讀或翻譯艱澀難懂的書沒有興趣，那我會建議參加專門針對英語會話的考試。雖然我沒有參加過這類考試，但在網路上可以找到很多像這樣的檢定考試。例如：英語會話檢定、VERSANT口語測試、E-CAT、TSST、InstaBiz Speaking Test、PROGOS、CHIVOX AI口語測試、weblio口語測試等。可以從這些考試中挑選出符合自己喜好的檢定考試來挑戰。

或者，**如果想跟母語人士一樣具備全方位的英語能力，我建議也可以選擇來自英語故鄉的劍橋英檢、牛津英檢、雅思這類按照聽說讀寫領域分別出題的考試。**這些考試都需要花費相當長的時間準備。雖然很辛苦，但因為是由母語人士來評分，可以用有別於日本製作的各種檢定考試的評價標準，從客觀的角度看待自己的英語能力。

我自己在參加語言相關的考試時，完全不做任何的考古題。因為對我來說，合格（或者拿到高分）本身並不是那麼重要。我覺得自己只要看得懂名著或沒有字幕的外國電影就好，所以我的學習教材就是原文書、外國電影和英文雜誌。像這樣**看似繞了一大圈、以自我目標而決定參加的檢定考試，由於自己很享受學習過程，因此比較容易堅持下去，進而培養出真正的實力。**這正是「事緩則圓」的典型例子。

最終，把學習英語的目的和終點設定在哪裡才是最重要的事。想看得懂英文原文書、想說一口流利的英語會話、想掌握全方位的英語能力，還是想精通翻譯。明確自己的目標，按照自己而不是別人的標準，試著找到能夠成為英語學習動力的檢定考試吧！

英語方面的檢定考試細分且多樣化，所以要找到適合自己的檢定考試應該不難。希望大家務必試著找看看。只要找到適合自己的檢定考試，想必就會成為英語學習的調劑。

# 只學英語還是也學其他語言？建議學中文

「只學英語還是也學其他語言？」是一個令人苦惱的問題。

不過，在我看來，**既然都學了英語，再試著學習一兩種語言也不錯，不學反而很可惜。因為無論學習哪種語言，都比從零開始學習英語所付出的努力要少得多。**

就我的實際感受，可謂是英語兄弟的德語，從零開始學習只需要付出英語五分之一的努力；法語、西班牙語、義大利語這些英語的近親，則只需付出三分之一的努力就能學會。不僅如此，如果學會英語和法語之後，再去學法語的兄弟西班牙語或義大利語，就只需付出學習法語時的五分之一，也就是學習英語時的十五分之一的努力便能學會（這裡的「比例」會根據英語的熟練程度而有所變化，但我確實感受到比從零開始學英語所需的努力要少得多）。

中文與英語的語言體系不同，所以英語的知識幫助不大，但漢字的知識卻能派上用場。

日本人應該都在小學、國中、高中考過無數次的漢字測驗。而且之後也在日本生活，持續閱讀報紙、雜誌和書籍，所以漢字的知識相當豐富。**切莫小覷這些漢字的知識。這些知識可以在學習中文的時候充分利用，甚至可以說不學中文實在太可惜了。**

請大家想一想。日語的貓，中文也是貓。與平常把這種動物叫做「gato」（西班牙語「貓」的意思）的西班牙人相比，日本人顯然在學習中文方面有著壓倒性的優勢。另外，中文的貓熊對日本人來說，只要記得它是「像熊一樣的貓」，就能馬上記住。相反地，對於非中文圈的人來說，要在一瞬間記住貓熊的意思根本是天方夜譚。身為日本人，若不利用這個優勢學中文，豈不是非常可惜嗎？所以我建議不妨先學英語，其次再學中文。

# 挑戰具有合適教材和檢定考試的外語

大多數的日本人在高中之前至少都學過六年以上的英語。此外，升上大學的人還要學習第二外語（有些大學還得學習第三外語）。在這樣的前提下，如果想要再學一種英語以外的語言，應該選擇哪一種語言比較好呢？下面讓我們探討一番。

當然，這完全得視學習該語言的目的是什麼而定。例如：有些人可能想在學會之後利用這些知識和技能來提高收入，有些則無此打算，那麼這兩種人選擇的語言就不一樣（例如，想成為口譯員的話，選擇有口譯工作需求的語言比較好；想成為譯者的話，選擇有筆譯工作需求的語言比較好。）

此外，選擇的語言也會根據對使用該語言的國家是否感興趣而有所不同。因此，應該學習哪種語言並沒有一個適合所有人的正確答案。

這裡**以幾乎沒機會接觸外國人的日本人，透過自學享受閱讀和聽力樂趣為前提來思考。**

想透過自學享受閱讀和聽力的樂趣，我認為至少需要具備下列四個條件；反過來說，如果沒有達到這四個條件，就很難享受閱讀和聽力的樂趣。

**①可以買到入門書（包括文法書）**

這是最重要的一件事。不論哪種語言，都不可能一下子就能看懂，所以手邊無論如何都必須有入門書。不需要幾十本那麼多，但最好準備幾本入門書。

如果是法語、德語、義大利語、西班牙語、中文、韓語等主流語言，很容易就能買到入門書，但如果是冷門語言，也會有買不到的時候。有志學習冷門語言的人，首先要確認是否買得到入門書。若能取得用日語撰寫的入門書自然最好。假如是看得懂英語的人，也可以利用英語撰寫的入門書（例如《Teach Yourself》系列）。

**②可以買到使用該語言的國家所出版的有聲書**

應該沒有人只用入門書學習就滿足了吧。以棒球來比喻，使用入門書學習就像是用投球機投出的球來練習打擊一樣。和投球機投出的球是死的一樣，入門書的大部分內容都經過人工修飾，想要從中找到閱讀和聽力的樂趣實在強人所難。棒球的樂趣不是透過打擊練習，而是透過比賽才能體會；同樣地，學習外語的樂趣也不是透過「打擊練習（使用入門書學習）」，而是透過「比賽（用該語言進行溝通）」才能體會。

不過，對於大多數日本人來說，很少有機會接觸到英語以外的語言，所以若想進行比賽的話，最好的辦法就是閱讀使用該語言的國家出版的書籍。學習法語就閱讀法國出版社所出版的書；學習德語就閱讀德國出版社所出版的書。

我挑書的條件是必須附有音訊（CD或MP3）的書籍。因為如果沒有音訊的協助，會讓我很難閱讀下去。

光看文字很難堅持學習下去，但如果有音訊的協助，至少還能勉強跟上；當我讀累的時候，還可以躺在床上專心聆聽。另外，附帶音訊的書籍，還能同時鍛鍊聽力能力，這也是其魅力所在。

大家不妨確認一下可以有哪些途徑買到附有音訊的書籍。若能找到販賣這類書籍的書店當然最好，也可以調查是否可以透過網路購買。

### ③日本有可以參加的檢定考試

想要享受閱讀和聽力的樂趣，我認為至少要達到中級程度。

我之所以會這麼說，是因為初級程度的聽力還不足以享受樂趣。不僅如此，初級程度的書本身少得可憐，同樣無法享受閱讀的樂趣。但是只要達到中級程度，看得懂的書籍數量就會一口氣增加，也能慢慢享受到聽力的樂趣。因此如果只學到初級程度，就太可惜了。

對我而言，要達到中級程度，檢定考試的存在不可或缺。因為無論是法語、德語、義大利語、西班牙語還是中文，對我的生活來說，學與不學都無關緊要。**堅持自學這種「學與不學都無關緊要」的東西必須有一股動力，而最大的動力就是參加檢定考試。**

順帶一提，本文撰寫時，日本可報名的外語檢定考試有英語、法語、德語、義大利語、西班牙語、中文、韓語、俄語等（↓196頁）。

## ④有一台電子字典

在這個便利的時代，如今英語以外的外語也有電子字典了。對我來說，是否能購買到電子字典也是決定學習語言的條件之一。因為如果用紙本字典來查詢詞尾變化複雜的歐洲語言，需要花費大量的時間和精力，很容易會半途而廢。

以上是我選擇學習新外語時考量的四個條件，現在日本具備這四個條件的語言，大概只有法語、德語、義大利語、西班牙語、中文、韓語和俄語吧。

只不過，這四個條件只是我個人的看法。如果認為沒有電子字典也沒關係，也可以不考慮條件④。重要的是最好自己思考學習新的語言需要哪些條件。

## 能在日本報名的英語以外的外語檢定考試

### 法語

- 實用法語技能檢定考試（法語教育振興協會）
- DELF DALF（法語）（日本法語考試管理中心）
- TCF（及 TCF SO）（日本法語考試管理中心）

### 德語

- 德語技能檢定考試（德語文學振興會）
- 歌德德語檢定考試（歌德學院）
- 奧地利官方公認德語能力檢定考試（ÖSD）

### 西班牙語

- 西班牙語技能檢定（日本西班牙協會）
- DELE（塞萬提斯學院）

### 中文

- 中文檢定考試（日本中文檢定協會）
- HSK（HSK 日本實施委員會）

### 韓語

- 韓語能力考試（韓國教育財團）
- 韓語能力檢定考試（韓語能力檢定協會）

## 俄語

・俄語能力檢定考試（俄語能力檢定委員會）

## 義大利語

・實用義大利語檢定考試（義大利語檢定協會）

## 泰語

・實用泰語檢定考試（日本泰語檢定協會）

## 印尼語

・印尼語技能檢定考試（日本印尼語檢定協會）

## 越語

・實用越語技能檢定考試（日本東南亞語言普及交流協會）
・國際越語能力考試（VTS）

## 緬甸語

・緬甸語檢定（MLT〈Myanmar Language Test〉）

## 葡萄牙語

・國際葡萄牙語檢定考試（京都葡萄牙語檢定中心）

## 世界語

・世界語學力檢定考試（日本世界語協會）

## 鍛鍊終極詞彙能力的方法

我學習語言時格外重視加強單字能力。**有研究證實，外語能力（尤其是閱讀能力）與詞彙量之間有著密切的關聯。可以說，只要增加詞彙量，外語能力就有可能跟著大幅提升。**單字只能努力背誦，假如身在日本，卻想獲得接近母語人士的閱讀能力，就只能拚命背那些完全陌生的單字。

我在上倫敦大學的遠距教學時，發現參考書籍中經常出現難度頗高的英文單字，我對那些年紀輕輕的本土學生竟能閱讀如此艱深的教材驚訝不已。這使我深刻體會到，若因為通過英檢一級而對增進詞彙量稍有鬆懈的話，就連大學指定的書籍都無法完全看懂。這時候我才下定決心要終生不斷地提升詞彙量。想要達到相當於母語人士的詞彙量，這樣的鍛鍊不可或缺。

自此，我便開始著手加強詞彙量，而在學習英語、德語、西班牙語、法語、義大利語、中文這六種語言的過程中，我得知了增加詞彙量的訣竅，容我在此介紹一下。

## ①最重要的是反覆地複習

為了讓詞彙牢牢地記在腦海裡，必須不斷地重複記住、忘記、記住、忘記這樣的循環。關鍵在於不厭其煩地反覆記憶。如此一來，詞彙就會漸漸地印在腦海裡。我是利用單字卡來背誦詞彙，有些人可能覺得製作單字卡耗時費力，然而製作單字卡需要手寫，這件事本身就有助於記憶單字。

況且，只需製作一次單字卡，就能在忘記的時候重新反覆記憶。即使是五至十分鐘的零碎時間，積少成多也是很長的時間。單字卡可謂是利用零碎時間記憶的最佳工具。我總是把單字卡置於胸前的口袋裡隨身攜帶，一有零碎時間就馬上取出背誦。

我是在四十歲之後才重新開始學習德語，接近五十歲的時候從零開始學習法語、義大利語、西班牙語和中文，光這五種語言就讓我製作並記住了八百五十組單字卡。只要利用零碎時間來背誦，一年記住一百組新單字絕非癡人說夢。

### ②從名詞開始背誦（從零開始學習英語以外的語言時）

據說在眾多詞性中，名詞是最容易記住的。從零開始學習一種新的語言時，最快的捷徑是先從最容易記住的名詞下手。

### ③一口氣記住同類型的詞彙

據說我們在記憶詞彙的時候，意思愈接近的詞彙，在大腦中記憶的位置就愈接近。其中，相同類別的詞彙之間的聯繫較為緊密，如果一口氣背誦的話會比較容易記住。

例如：鹽、糖、胡椒、醋、麵粉、奶油、起司、牛油、蜂蜜、大蒜……等等。這些與料理相關且相同類別的詞彙，儲存在大腦中的位置都很接近，所以與其分開記憶，不如一口氣記住，這樣才能比較快記在腦海裡。況且，一口氣記住比較不容易忘記。

若想實踐這個方法，就要有適合的單字集，只要利用這類單字集即可。「按重要程度分類的單字集」和「按考試出題順序分類的單字集」使用上固然方便，但從容易記憶的角度來看，把意義上相同類別的詞彙集中起來一口氣記憶會比較快。

另外，我想推薦給大家下面這些可以一口氣記住相同類別的單字集。

《いっそイラスト チャイナ単語帳》、《いっそイラスト フランス語単語帳》、《いっそイラスト スペイン語単語帳》、《いっそイラスト イタリア語単語帳》（以上，小學館出版）

《暮らしのフランス語単語8000》、《暮らしのスペイン語単語8000》、《暮らしの中国語単語10000》（以上，語研出版）

《ドイツ語分類単語集新書》、《イタリア語分類単語集新書》（以上，大學書林出版）

### ④用眼睛和耳朵記住出現在文章中的未知詞彙

同時用眼睛和耳朵記憶，效果比只用眼睛要好上數倍。最近有不少附有音訊的參考書，如果遇到不知道的詞彙，就用眼睛和耳朵來記憶吧。

### ⑤一口氣記住與出現在文章中的未知詞彙相關的詞彙

這和③「一口氣記住同類型的詞彙」一樣，關聯性愈強的詞彙就愈容易記憶。

舉例來說，法語的句子中出現ménage這個單字。只要查一下字典，就會知道這個單字的意思是「家事」，但如果只記住這個單字就結束的話未免太可惜了。

舉凡s'occuper du ménage（做家事）、faire des ménages（當女幫傭）、feme de ménage（女幫傭）、ustensiles de ménage（打掃用具）、jeune ménage（年輕夫婦）、faux ménage（事實上夫婦）、ménage a trois（三角關係）、petit ménage（男同志情侶）等等，這些都是與ménage相關的詞彙。這比一口氣記住意義完全不同的詞彙要容易得多，如此方便的事豈能錯過？

## ⑥怎樣也記不住的單字就一直寫到記住為止

用單字卡背誦單字時，有些單字就是怎樣也記不住。像這類單字就要用紙筆不斷地寫下來，一遍又一遍地寫，寫到寫不動為止。如此一來，單字就會神奇地清楚浮現在腦中。怎樣也記不住的東西，就拚命地寫下來直到記住為止吧。

# 持續學習外語的方法

學習語言的動機大致上可以分為兩種。一種是「工具性動機」，另一種是「整合性動機」。前者是為了獲得通過考試、就業或升職等外在報酬；後者是為了達到過更好的生活、融入當地社會等目的，而將學習語言作為一種手段時的動機。

對於生活在日本這個島國上的大多數日本人來說，外語並非生活上必要的東西，因此幾乎不具備整合性動機。

然而，**即使是缺乏整合性動機的人，也可以透過參加各種檢定考試來培養工具性動機。**

雖然一開始學習外語可能只是以通過考試為目標，但只要最終能夠提升語言能力，想必就會開闢與以往不同的新世界。

第 7 章

# 透過不斷學習
# 來磨練自己

【滿足精神需求的方法】

## 決定人生旅程的終點站

最後請大家再回想一下客船的例子。船體正常，燃料充足，熟悉交通規則，客船上的人際關係也很和諧，而且是一艘高性能的客船。如果不出航的話，就無法享受搭船旅行的樂趣，那麼客船究竟是為了什麼而存在呢？

對我們來說，精神需求可以說就像是客船的終點站。正如客船只有朝著終點站出發才能發揮其本分一樣，我們也只有在滿足精神需求的情況下才能走出有意義的人生。本章將會試著探討滿足這種精神需求的方法。

我們在前幾章已經瞭解大人學習法與身體需求、社會情感需求、心智需求之間的關係。但即使這三種需求都得到滿足，我們也無法打從心底感到自己過著幸福而有意義的人生，而這正是因為精神需求沒有獲得滿足的緣故。

**想要走出有意義的人生，必須擁有能夠感受到人生意義的「甘願奉獻熱情的夢想」。**這就像是客船的終點站一樣。沒有決定終點站就出發的話，就不知道會到達哪裡；同樣的道理，在出發之前，必須先決定哪裡是終點站。

史蒂芬・柯維博士對於內心火焰的描述如下：**「如果沒有想做出貢獻的精神需求，內心的火焰就不會產生。**那是將其他需求變成做出貢獻（對某件事有幫助）的要素，把食物、金錢、健康、教育、愛情等東西變成為他人做出貢獻的資源。」

用客船來比喻的話，做出貢獻的精神需求就像是把旅客帶到終點站。一旦確定終點站，自然就會想把旅客帶到那裡去。同樣地，**內心火焰點燃的瞬間，人生就會發生巨大的變化。**因為之前的目的是滿足身體需求、社會情感需求、心智需求中的其中一個，但如今變成為了對社會做出貢獻，而想利用自己擁有的身體資源、社會情感資源和心智資源。

## 先從為了賺錢的工作中發現人生的意義

簡單來說，精神需求就是「想為社會做出貢獻」或「想讓別人高興」的需求，心理學家亞伯拉罕．馬斯洛曾說過：**「健康的人會在幫助他人的過程中找到幸福。」如果自己真正想做的事情和工作一致，並且能為社會做出貢獻、讓別人感到高興的話，那麼沒有什麼比這更快樂的事了。**這也是健康之人的證明。

馬斯洛說：「自我實現的人之所以努力工作，是因為對工作充滿興趣，而一般人眼中的工作和娛樂的區別，在這些人的眼中已經變得模糊；對他們而言，工作是一件無比快樂的事情。全心投入重要的工作，對於成長、自我實現和幸福至關重要。」而模糊工作和娛樂的區別正可以說是人生有意義的一種表現。

喜歡畫畫的人成為畫家、喜歡鋼琴的人成為鋼琴家、喜歡下棋的人成為棋士、喜歡踢足球的人成為職業足球選手、喜歡寫故事的人成為小說家；如果不需要做其他工作來賺錢就能生活下去，應該沒有比這更幸福的人生了吧。因為工作和娛樂對這些人來說沒有區別，生活應該會過得相當愉快。

雖然要達到這樣的境界並不容易，但我們可以透過不斷磨練自己的技能，一步步往上爬，換一份能夠發揮自己能力的工作，這樣就能接近這個目標。而在這個過程中，最大的動力就是滿足精神需求，也就是「我想做這件事，為社會做出貢獻」的願望。

然而，世界上絕大多數的人，都是從事與自己真正想做的事情不一致的工作，而且為了生計不得不賺錢，即使是不喜歡的工作也得硬著頭皮繼續做下去，這就是現實。

我很幸運地在還不到四十歲前成為專業的出版翻譯家。自己真正想做的事情與工作相符，可以說是抓住了最大的幸福。不過，我在四十歲出頭的時候，有一段時間完全無法從事翻譯工作。儘管生活方面暫時無虞，但後來為求穩定生活，我又去兼職保全工作。

那麼，保全的工作對我來說只是為了賺錢而已嗎？不，絕非如此。

雖然力量微薄，但我也想運用自己的技能和知識，為社會做出貢獻。有趣的是，當我帶著這樣的意志去工作，便接二連三地發現應該做的事情。有些人說「這個工作閒得要命」，事實上這確實是一個有很多待機時間的工作。但我一刻也沒有閒著，因為我會利用別人閒得發慌的等待時間，開始動手製作工作手冊。

我工作的地方沒有半個像樣的工作手冊，多年來都是靠前輩口頭傳授給後輩。然而，隨著人員的流動，口頭傳授工作內容的難度也隨之增加。我認為沒有白紙黑字的工作手冊容易造成糾紛，因此開始著手製作讓新人一看就懂的工作手冊。製作手冊既耗時又費力，當然也不會有額外的津貼。身為保全的我不能使用公司的電腦和印表機，只能在家裡利用自己的時間來製作。因為不是公司委託我製作，所以文件、紙張、墨水都是我自己自掏腰包購買。

不過一旦開始進行，就會發現這件事有趣得不得了。要寫出新人一看就能記住的文章，必須經過反覆修改，此時就輪到已經出版過幾十本著作和譯作的我上場了。我在前輩同事的協助下，一次又一次地修改。對於光用文字說明仍難以理解的專業事項，我也加入了照片或圖片來輔助；對於麻煩的案例，則透過漫畫或插圖的方式讓人一目瞭然。此外，我還用職場外觀的素描作為手冊封面，並另外為外國人製作英語、西班牙語、中文的告示，使用Excel製作表格和圖表補充說明。

想在自己的業務範圍內，將自己的技能和知識運用在工作中，就會接連發現應該做的事情。不久，一本四十頁的文件就填滿了，然後變成第二本、第三本。最終我完成了超過二百頁的業務手冊。

馬斯洛說：**「健康之人享受娛樂，也享受工作。他的工作變成了娛樂，而工作和娛樂是合二為一。」**對我來說，製作工作手冊就是工作和娛樂合二為一。可以說，我在以賺錢為目的的保全工作中，也充分發揮了自己之前累積的技能和知識。除了活用日語的寫作能力之外，我也發揮英語、中文、西班牙語的語言技能，漫畫、素描的繪畫技巧，Excel的技術，還有攝影的能力。

與此同時，我也受到周圍人的感謝。後來，我常常聽到別人說「這裡從來沒有像宮崎先生這麼優秀的人」、「宮崎先生與眾不同」、「應該給宮崎先生發特別獎金」等讚美的話，幾乎每天都有一半以上的人對我大加讚賞。他們對我的背景一無所知，卻給我起了「教授」這個綽號。即使知道是奉承話，被人誇獎還是很開心，也不會討厭讚美我的人。我的人際關係也變得很好，公司變成我每天期待去的地方。

閱讀這本書的你，或許是為了賺錢而不得不從事現在的工作。但是，即使是不得已而為之，**只要抱著「想對社會做出貢獻」或者「想讓別人高興」的心情去做，也許就會陸續發現可以改善的地方；一旦發現的話，自己應該做什麼、想做什麼，或許就會變得明朗起來。**然後，你就會驚訝地發現工作變得很愉快。

大家不妨先從為了賺錢的工作中，尋找生存的意義。

## 透過具體化將悲傷昇華為喜悅

**大人學習法具有化悲為喜、化負面為正面、將麻煩昇華為改善的力量。我想針對這一點進行說明。**

在英國留學的時候，我每天都遇到一連串的文化衝擊，令人氣憤或難過的事情接二連三地發生。我周圍的日本留學生多半都是跟其他日本人聚在一起抱怨，或者頻繁地打國際電話給日本的家人來紓壓。在不同文化的環境中生活，難免會累積一堆壓力。

不知道是幸運還是不幸，我沒有可以互相抱怨的朋友，也沒有那麼依賴家人到需要頻繁打國際電話的程度。每當發生讓我生氣或傷心的事情時，我就把它當成素材，投稿給日本人閱讀的報紙，這件事引起了很大的迴響。愈傷心的事，愈能成為有趣的題材。我只是寫了一些自己悲傷難過的事情，卻引起有著同樣悲傷的讀者的共鳴。

不久後，我也開始用英語寫短文，還寫了一篇批評英國人尖酸刻薄的文章，並投稿到英國某報社所舉辦的徵文比賽。我以為如此嚴厲批評英國人不太可能得獎，沒想到居然能連續三屆獲獎。那時我才明白，原來英國人閱讀起來也覺得很有趣。

我本來只是在讀者欄投稿，卻收到了報社轉交給我的粉絲信，最後甚至連報社都來邀我連載文章。後來我把短文集結成書，用姑且一試的心情試著寄給日本的出版社，結果對方竟然決定出版，而且英國的BBC廣播電台還邀請我上廣播節目。一旦知道了這種悲傷＝負面經驗的昇華方法，就不再害怕下次發生悲傷的事件。因為悲傷愈深，以此為題材並加以昇華的時候，就愈能寫出好的作品。

彼此互相抱怨，或者喝點酒來紓解壓力，並不是什麼壞事。事實上，如果能透過這種方式紓壓，隔天又精神飽滿地投入工作，也不是沒有效果。但那些是相對容易做到的事情，很難說有昇華悲傷的力量。

**若懂得如何透過大人學習法，將悲傷昇華為文章、歌曲、詩詞、繪畫、插畫、漫畫等作**

**品，才會帶給人生最大的喜悅。**開設部落格或網站等方式也是不錯的選擇。

只要具備這種把負面事物變成正面事物的能力，生活一定會變得更加愉快。

坦白說，拙著《對成為出版翻譯家悔不當初的日記》中有不少批評出版社的內容，所以我以為沒有出版社會願意出版。然而意想不到的是，這本書居然決定出版，而且成為同類型的書籍中前所未見的暢銷書。由此可見，以作品的形式留存下來，也是對社會做出貢獻的一種方法。

自由地寫出自己想說的話，帶給讀者歡樂，還可以賺錢。對我來說，這是人生最大的幸福。但是我覺得能夠做到這一點，都要歸功於我對寫作的修練（也就是學習）。

# 閱讀古今中外的名著和偉人傳記

如果沒有想為社會做出貢獻的願景，內心火焰就不會點燃；那麼，怎麼做才能產生想為社會做出貢獻的願景呢？

這裡不妨思考幾個能夠得到靈感的機會吧。向值得尊敬的恩師請教、被電影的劇情所感動、參加讀書會或演講、參加志工活動等等。在偶然的機會下得到靈感固然是件好事，但一味地等待也未必會剛好出現這樣的契機。

**最快速而且值得推薦的方法，就是閱讀古今中外的名著。**以我自己為例，《聖經》、《佛經》、偉人傳記對我產生莫大的影響。

愛迪生、愛因斯坦、林肯、麥哲倫、莫札特、愛蜜莉亞・艾爾哈特、海倫・凱勒、馬克吐溫、湯瑪斯・傑弗遜、路易・阿姆斯壯、披頭四、達爾文……其實我不是在小時候，而是四十歲以後才開始閱讀這些偉人傳記的。

**讀過偉人傳記，就知道這些偉人不是為了金錢、權力、名譽這類「假象之善」而行動，是「為了自認偉大的目的」而努力，結果是讓社會變得更加美好。**我也不是為了滿足小小的自尊心而活，是為了讓自己的人生和社會變得更好而奉獻。長大後閱讀成就偉大事業的人物傳記，意義就在於此。

話說回來，馬斯洛最初認為人類最高層次的需求是自我實現，但後來他又改變了這個理論，**認為最高層次的需求不是自我實現，而是「自我超越」（為了達到比自己更高層次的目的而活）**。關於這一點，愛爾蘭的劇作家喬治·伯納德·蕭曾經這麼說：

「**為了自認偉大的目的而努力，這才是人生真正的喜悅**。經常抱怨這個世界沒有為自己的幸福做任何事情的人啊，別變成極端任性和不滿的人，要成為大自然的一股力量。我認為，我的人生是屬於整個社會的，只要我還活著一天，就應該為社會服務，這正是我的特權。能夠為社會鞠躬盡瘁死而後已是我的夙願。因為愈是努力工作，就愈能體會活著的感覺。我因為活著，才得以充分享受人生。人生對我來說不是短暫的蠟燭，它是此時此刻高舉在空中的明亮火炬，我希望在把它傳給下一代之前，要盡可能地持續熊熊燃燒。」

歷經幾百年的歲月，至今仍傳頌不絕的宗教書籍、偉人傳記、古典名著，多半都有著某些撼動人心的東西。

如果努力地閱讀，試著憑自己的意志抓住某些撼動人心的東西，那麼獲得靈感的可能性就會提高。

**若是真心想點燃內心的火焰，就不要等待靈感偶然降臨的那一天，而是應該努力靠自己的力量獲得靈感。**其中一個有效的方法，就是閱讀古今中外的名著。

一旦幸運地獲得靈感，使內心的火焰被點燃，人生就會從那刻起產生翻天覆地的變化。

## 把能促進自我成長和提升的事情擺在第一位

有些人能夠接二連三地完成高價值的活動，而有些人只會一直將「忙不過來」掛在嘴邊，卻一事無成。

那麼，究竟有什麼祕訣可以接二連三地做出成果呢？

我們不妨把時間用在自我成長或對社會做出貢獻等高價值活動稱為「優」；用於感到快樂和滿足的活動稱為「良」；沒有任何生產力，只會產生後悔的活動稱為「惡」。

「惡」的典型例子就是無所事事地看電視或網路影片，或者被沒有時間觀念的人浪費時間，和對自己沒有任何幫助的人來往，這些都可能屬於惡。

眾所皆知，若時間受到這種惡的活動影響，就無法有效地利用。想要度過充實人生的人，都知道把時間浪費在這種惡的活動上有多麼地愚蠢，所以不會特地為了惡抽出時間。

另外，我們必須注意的是「良」的活動。良的活動很吸引人。首先，它能讓我們感到快樂和滿足，典型例子包括看感動人心的電影、和朋友聊天、旅行等等。

把時間花在良的活動上並不是壞事。正如其名，這是一件好事。而且，如果它能幫助我們提升自我，給周圍帶來正面影響的話，也有可能成為「優」。但是，**「良」的活動不可把「優」的活動拖延到後面。**這是大多數人都會犯的錯誤。

如果不能清楚地分辨出什麼活動對自己而言是優，往往就會被良的誘惑所打敗。因為做到優需要付出努力，而良很容易做到。所以才會屈服於良的誘惑。

**如果你想踏實地實現自己的夢想，就要弄清楚什麼活動對自己來說是「優」，不要把「優」的活動擺在「良」的活動後面。**只要養成重視優的活動的習慣，就會發現自己想做的事情竟能順利地實現。

## 假日才更要做「不緊急但重要的事」

與人交往久了，我有時會問對方的夢想和目標。因為我認為這是最能瞭解對方方向的問題。有時我會得到「想出書」、「想移居海外」、「想在退休後創業」、「想通過司法書記考試」等答案。但當我問這些談起夢想的人假日都在做什麼時，很多人都回答說無所事事、無聊得要命。

**我們生活在這個世界上，不可能光靠祈禱或做夢就能讓夢想成真，只有自己主動採取行動才能改變現實。**

不做任何需要付出努力的行動就能出書、在國外生活、經營公司，這種事根本不是「夢想」，更像是「幻想」。

那麼，究竟怎樣才能將夢想變成現實呢？

《與時間有約》的作者史蒂芬．柯維博士，將時間的使用方式分為以下四個領域。

- **第一領域「處理緊急且重要事情的時間」**

舉例來說，有截止期限的工作、與重要之人的約定、必須立即應對的問題、治療疾病和受傷等，都屬於這個領域，我們幾乎都會自動做出反應並採取行動。

- **第二領域「處理不緊急但重要事情的時間」**

舉例來說，思考將來的學習和職涯發展、加深與重要之人的關係等；雖然沒有急迫性，但對人生非常重要的事情，都屬於這個領域。健康管理等調養身心的活動也包括在內。

- **第三領域「處理緊急但不重要事情的時間」**

舉例來說，他人拜託的緊急雜事、臨時來訪的客人、不感興趣的聚餐等等，都屬於這個領域。

- **第四領域「處理不緊急且不重要事情的時間」**

舉例來說，無意義的閒聊、看電視、打電動等消遣活動，都屬於這個領域。

**其實，最能提升實現夢想可能性的是第二領域的時間。**既不是現在必須馬上做的事情，也不是被人強迫或催促的事情，但為了成為理想中的自己和接近成功，需要做的事情都在這個領域。

然而，只有自由時間才能花在第二領域上。因此，假日時把時間花在第二領域上，可以說是最合適的做法。**為了實現夢想而在所有人都在休息的假日學習，就能打下基礎，讓自己的潛在能力開花結果。**

尤其是趁長假期間集中精力在第二領域，對之後的成長絕對有很大的幫助。例如：新年假期和黃金週等連假時，就有充裕的時間可以克服不擅長的領域、閱讀沒有接觸過的教材或書籍。如果沒善用這些時間來進行大人學習法，豈不是白白錯失良機嗎？

另外，自學不擅長的領域往往事倍功半，不妨趁連假進行期間限定的個別指導，這也是值得推薦的做法，也就是借助他人的智慧。

如果想通過高難度的考試，可以請成功考上的人擔任家教；如果想快速學會英語會話，可以請母語人士擔任家教。只要接受一對一的密集教學，就可能在短時間內掌握專業知識或技能。

毫無計畫地悠閒度過假日，連假時間就會轉眼即逝，但如果每年都給自己定下一兩次這樣的挑戰並堅持下去的話，就會發現夢想逐漸變成現實。

當被問及「假日都做些什麼事？」的時候，若能回答「我在撰寫書籍的原稿」、「為了移居海外而學習英語」、「我在準備證照考試」等具體且有明確方向的時間使用方式，幻想就不會再是幻想，而是更接近夢想；但是，如果只能回答「沒做什麼」的話，幻想就依然只是幻想。**若想更接近夢想，就應該採取行動，在第二領域花費更多的時間。**

## 磨練靈魂最簡單的方法

根據亞里斯多德的說法，有意義的人生（Eudaimonia）在人類的本質——靈魂變得卓越時，是最容易獲得的。也就是說，**當人類成為更好的人時，就會變得最幸福**。

讓靈魂變得更卓越、成為更好的人，聽起來好像遙不可及，但其實並沒有那麼困難。

有不少哲學家都深入探討過靈魂的構成，但大多數哲學家的主張都有一個共通點，那就是**靈魂包含理性和慾望**。

一般而言，慾望都會被視為罪惡的根源，但其實慾望本身並不是壞事。只有當慾望不聽理性的指揮而失控時，才會出現問題。然而，慾望往往難以克制，所以才會被認為是罪惡的根源。

那麼，怎樣才能讓慾望聽從理性的指揮呢？

大致上有兩種方法。

其中一種是，**不要讓慾望失控**。亞里斯多德主張，為了做到這一點，必須養成良好的習慣；康德則認為需要進行訓練，讓粗暴的野性受到人性規範約束。

舉例來說，直覺上認為做了會很糟糕的事情，就絕對不要做；覺得麻煩但應該要做的事情，即使不願意也要試著去做。採取這種理所當然的標準就可以了。

另一種是**培養理性**。柏拉圖為此而推崇學問。具體來說，第一階段是算術和數論；第二階段是幾何學；第三階段是具有深度的次元研究；第四階段是天文學。不過，這些終究只是前奏曲，哲學的問答法才是他所推崇的主題。

除此之外，柏拉圖還推崇音樂和文藝教育，理由是「節奏和旋律最能深入靈魂深處、最能強力地抓住靈魂；當一個人得到正確的培養時，就會帶來優雅的氣質，並且塑造出高貴的人格。」此外，柏拉圖也提到接觸優美作品對靈魂修養的重要性。

許多人渴望的金錢、名譽、私有物這類世俗之物，都隱含使人類慾望失控的力量。然而一旦慾望失控，就會墮落成壞人。這樣不僅無法獲得幸福，反而會一路走向不幸。

古今中外的哲學家都告訴我們，**人類的幸福可以透過使靈魂變得卓越來獲得。**比起擁有金錢、名譽、私有物等世俗之物，磨練理性和養成良好的習慣，更能讓我們接近幸福。

## 以「提升日本人詞彙能力」為人生使命

**為了塑造堅定不移的自我，首先要考慮的是「如何為世界做出貢獻」。**如果這是主要動機的話，賺錢與否就會變得不那麼重要了。所以就算賺不到錢，也不會感到心力交瘁，得以進入超越金錢的世界。只有進入那個世界，才能滿足點燃內心火焰的條件。現在最讓我內心的火焰熾熱的，就是推廣六國語言的「詞彙競賽」（Sophia外語研究協會主辦）。

這個詞彙競賽是從二〇一四年開始舉辦，英語比賽已經連續舉辦了十五次。閱讀外語原文書需要龐大的詞彙量，有鑑於日本沒有適當的檢定考試來廣泛地鍛鍊詞彙量，我才創立了這個考試。儘管詞彙競賽已經吸引了來自全國各地的參賽者來到舉辦地東京，回來重考的人也愈來愈多，然而知名度依舊不高，一直處於虧損狀態，但我並沒有因此氣餒。因為我一開始做這件事情的動機，並不是為了賺錢。

**讓詞彙競賽步入正軌，帶給更多外語學習者良好的刺激，為提升外語程度做出貢獻，是我現在最大的夢想。**

想閱讀內容艱深的英文書籍，必須大幅提升詞彙能力。這點是我在利用倫敦大學神學系遠距教學時發現的，因為參考書籍非常艱澀難懂。在此之前，我對自己的詞彙能力還有一定程度的自信，但這件事讓我深刻地意識到，光是通過以高難度聞名的英檢一級（合格率為百分之九至十），要閱讀內容艱深的英文書籍仍有所不足。

熱情地持續學習英語，好不容易熟練到一定程度，若仍看不懂名著，實在是太可惜了。如果能讓這些人的詞彙能力更上一層樓，幫助他們提升學習動力的話該有多好。我抱持著這樣的想法，從事能夠發揮自己詞彙能力的工作，因此舉辦了這個詞彙競賽。

我會出一些獨特的題目、難度較高的單字，以及前所未有的好問題。我相信這麼做一定能讓許多人高興，我覺得這才是我心目中的「Eudaimonia」。最後，從下一頁開始介紹幾個詞彙競賽的範例作為參考，請大家不妨試著挑戰看看。

挑戰！

# 鍛鍊英語詞彙能力！詞彙競賽

對於母語人士而言，針對非母語人士的檢定考試教材並無法完全涵蓋小孩熟悉的日常用語，以及閱讀內容艱深書籍所需要的詞彙。因此，為了提升語言學習者磨練詞彙能力的動力，我主辦了「詞彙競賽」（企畫和主辦：Sophia外語研究協會。目前停辦中）。這是專門針對單字、片語、成語、會話表達、諺語、委婉表達、擬聲詞、擬態詞等詞彙能力的特殊競賽，舉辦時分為英語、德語、法語、西班牙語、義大利語、中文等六種語言。正統的題目約佔七成，其餘約三成是不太可能出現在目前各種檢定考試中的詞彙，所有詞彙都在出題範圍內。這裡只介紹一小部分，希望大家試著挑戰看看。

---

●請選出對應下列英文單字的意思。

（1）valid

1.果斷的　2.有效的　3.家庭的　4.史前的

（2）audible

1.可聽見的　2.可食用的　3.無與倫比的　4.成熟的

（3）culminate

1.縮小　2.沉浸　3.宣告　4.達到最高潮

（4）anesthetic

1.麻醉劑　2.美學　3.誠實　4.擁護者

●請選出對應下列意思的英文。

（5）恐懼

1.creed　2.formula　3.relic　4.dread

（6）翻譯

1.alternate　2.translate　3.anticipate　4.speculate

●請選出對應下列片語的意思。

(7) lose heart

1.勝利　2.氣餒　3.拿出　4.執著

(8) make sport of

1.嘲笑　2.趕上　3.坦白　4.努力

●請選出與下列英文單字意思大致相同的英文單字。

(9) mutter

1.murmur　2.hock　3.opt　4.satisfy

(10) insatiable

1.incessant　2.unsatisfiable　3.meager　4.illogical

●請選出對應下列英文單字的定義。

(11) shame

1.the state or time of greatest vigor or success in a person's life

2.the way a thing turns out

3.a painful feeling of humiliation or distress caused by the consciousness of wrong or foolish behavior

4.the state of being known by many people

●請選出相當於下列定義的英文單字。

(12) a type of language consisting of words and phrases that are regarded as very informal, are more common in speech than writing, and are typically restricted to a particular context or group of people

1.slang　2.pang　3.conversation　4.dialog

●請選出適當的英文單字來完成與下面的諺語意思相近的英文諺語。需要注意的是，諺語直譯過來未必就是英文諺語。

（13）說曹操，曹操到

Speak of the（　　）and he will appear.

1.teacher　2.father　3.doctor　4.devil

●請選出最適合的翻譯來表達下列英語會話的意思。

（14）Roger wilco.

1.瞭解　2.不行　3.太棒了　4.加油

●請選出最適合的翻譯來表達下列英語婉轉表現的意思。

（15）five o'clock shadow

1.貓頭鷹　2.上司　3.邋遢之人　4.跟蹤狂

●請從下列四個英文單字中選出「與另外三個單字種類或性質不同」的單字。

（16）1.jeans　2.ladder　3.shorts　4.overalls

●請選出相當於下列英文縮寫的意思。

（17）DINKs

1.國際法學士　2.人口集中區

3.內務省　4.沒有小孩、各有工作的夫妻

●請從下列四個英語表達中選出最不自然的表達。

（18）

1.sporting facilities　2.sporting players

3.sporting events　4.sporting activities

●請選出對應下列叫聲的動物。

(19) cock-a-doodle-doo

1.鱷魚　2.貓頭鷹　3.公雞　4.鴿子

●請選出對應下列英文的符號。

(20) is proportional to

1.Σ　2.√　3.∞　4.∝

●請選出最適合填入下列空格的英文。

(21) (　　　), also known as sleeplessness, is a sleep disorder where people have trouble sleeping.

1.leukemia　2.insomnia
3.convulsion　4.diabetes mellitus

●請選出對應下列澳洲使用的英文單字的美式英語。

(22) arvo

1.avocado　2.angry
3.airplane　4.afternoon

●請選出拼寫錯誤的英語單字。

(23) 食物

1.brownie　2.caramelle
3.muffin　4.brioche

**解答**

(1)2 (2)1 (3)4 (4)1 (5)4 (6)2 (7)2 (8)1 (9)1
(10)2 (11)3 (12)1 (13)4 (14)1 (15)3 (16)2
(17)4 (18)2 (19)3 (20)4 (21)2 (22)4 (23)2

## 後記

剛邁入不惑之年的時候，我曾一度陷入絕望的深淵。

實現當一名專業出版翻譯家的夢想，出版了多本著作和譯作，其中還有幾本成為暢銷書，撰稿、翻譯、採訪、演講、參加廣播節目的邀約接連不斷，甚至有三本自己的著作被翻譯成韓文出版。在別人的眼中看來，我似乎是人生勝利組，過著一帆風順的生活。

然而實際情況卻是，我遭遇好幾次麻煩，甚至對出版界感到失望。我沒有其他想做的工作，正處於在黑暗中徘徊的狀態。（這份工作還能再撐幾年呢？如果再遇到一次麻煩，恐怕我的寫作生涯就在此畫下句點了吧。之後我該如何生活下去呢？不能再這樣下去了，我必須改變自己！）

可是，金錢、名譽、聲望、成就……為了得到這些一般人認為「好的東西」，而犧牲其他重要的東西，真的是一件「好事」嗎？真的值得我們不惜一切代價去爭取嗎？得到了這些就能變得幸福嗎？

「有什麼地方不對勁」的想法愈來愈強烈，我對金錢、名譽、聲望、成就的追求也跟著愈來愈不感興趣。（我到底在追求什麼呢？為了獲得金錢和名譽而拚命努力，似乎也感受不到幸福，怎樣才能讓我感到幸福呢？）

我過了四十歲之後，重新進入多所大學，涉獵哲學、神學、法學、商學、工學等各種領域的學問；在不斷學習的過程中，我堅信**「過著有意義的人生才是人生最大的幸福，而學習正是奠定這個基礎的方法。」**這時我才在黑暗中看到一線曙光。而且這種信念愈來愈強烈，使得我年輕時一直嚮往的財富、名聲、權力都顯得黯然失色。因為我發現還有更重要的東西。

本書描述的內容是關於我的信念，以及在形成這種信念的過程中所掌握到的獨特學習方法。希望大家能夠參考本書，找到屬於自己有意義的人生。

作者自述

## ●主要參考文獻、論文


『完訳 7つの習慣』スティーブン・R・コヴィー著、フランクリン・コヴィー・ジャパン 譯（キングベアー出版）
『7つの習慣 最優先事項』スティーブン・R・コヴィー著、宮崎伸治 譯（キングベアー出版）
『新約聖書』（日本聖書協会）
『旧約聖書』（新日本聖書刊行会）
『ニコマコス倫理学（上）』アリストテレス著、高田三郎 譯（岩波文庫）
『マズローの心理学』フランク・ゴーブル著、小口忠彦 監譯（産能大学出版部）
『人を動かす』デール・カーネギー著、山口博 譯（創元社）
『家族という病』下重暁子（幻冬舎新書）
『知的生活の方法』渡部昇一（講談社現代新書）

『大学教授になる方法』鷲田小彌太（言視舎）
『自分を最高に生きる』アーノルド・ベネット著、渡部昇一 譯（三笠書房）
『あえて英語公用語論』船橋洋一（文春新書）
『世界中の言葉を楽しく学ぶ』井上孝夫（新潮新書）
『日本人の９割に英語はいらない』成毛真（祥伝社黄金文庫）
『英語教育大論争』平泉渉、渡部昇一（文春文庫）
Learning languages is a workout for brains, both young and old (Penn State University)
https://news.psu.edu/story/334349/2014/11/12/research/learning-languages-workout-brains-both-young-and-old (2021/8/19取得)
脳の健康とより良い意思決定：外国語学習３つの利点（SBS日本語）
https://www.sbs.com.au/language/japanese/noy-nojian-kang-toyoriliang-iyi-si-jue-ding-wai-guo-yu-xue-xi-3tuno-1 (2021/8/19取得)

# 大人的學習法
## 踏出舒適圈，以7個習慣與知識逆轉人生！

出　　版／楓書坊文化出版社
地　　址／新北市板橋區信義路163巷3號10樓
郵 政 劃 撥／19907596 楓書坊文化出版社
網　　址／www.maplebook.com.tw
電　　話／02-2957-6096
傳　　真／02-2957-6435
作　　者／宮崎伸治
翻　　譯／趙鴻龍
責 任 編 輯／邱凱蓉
內 文 排 版／謝政龍
港 澳 經 銷／泛華發行代理有限公司
定　　價／380元
出 版 日 期／2023年10月

國家圖書館出版品預行編目資料

大人的學習法：踏出舒適圈，以7個習慣與知識逆轉人生！／宮崎伸治作；趙鴻龍翻譯. -- 初版. -- 新北市：楓書坊文化出版社, 2023.10
面；　公分

ISBN 978-986-377-900-1（平裝）

1. 自我實現 2. 學習方法

177.2　　112014538